Iz Amminog Srca

Razgovori s
Sri Mata Amritanandamayi

Mata Amritanandamayi Center, San Ramon
Kalifornija, Sjedinjene Države

Iz Amminog srca
Razgovori s Sri Mata Amritanandamayi

Preveo i napisao: Swami Amritaswarupananda

Nakladnik:
Mata Amritanandamayi Center
P.O. Box 613
San Ramon, CA 94583
Sjedinjene Države

—————————————— *From Amma's Heart (Croatian)* ——————————————

Prvo hrvatsko izdanje: MA Centru: travanj 2016
Prevela: Vlatka Kralj - Veda

E adresa: amma.croatia@gmail.com
Internet stranica: www.ammacroatia.org

Evropska internet stranica: www.amma-europe.org

U Indiji:
inform@amritapuri.org
www.amritapuri.org

Ova knjiga posvećena je Lotosovim Stopalima
naše najdraže Amme,
izvoru sve ljepote i ljubavi.

Sadržaj

Aum Amriteshwaryai Namah

Predgovor

Ljudska bi egzistencija bez verbalne komunikacije bila bijedna. Razmjena ideja i emocija dio su samoga života. Međutim, zapravo nam tišina koju pronalazimo kroz molitvu i meditaciju pomaže biti istinski sretnima u ovom bučnom svijetu sukobljenih razlika i suparništva.

U svakodnevnom životu, u kojem ljudi u brojnim situacijama moraju međusobno djelovati i komunicirati, teško je prebivati u tišini. Nije lako ostati u tišini ni u uvjetima koji su za to pogodni. Ona čak može obične ljude dovesti do ludila. Međutim, blažena tišina je istinska priroda božanskih bića poput Amme.

Gledajući kako Amma postupa s različitim ljudima u različitim situacijama diljem svijeta, vidio sam milost i savršenstvo kojima prelazi iz jednog raspoloženja u drugo. U jednom trenutku Amma je vrhovni duhovni učitelj, a u drugom suosjećajna majka. Ponekad je u raspoloženju djeteta, a već je u sljedećem trenutku upravitelj. Nakon savjetovanja CEO-a, nagrađivanih znanstvenika i svjetskih vođa, Ona jednostavno ustaje i odlazi u dvoranu za darshan u kojoj prima tisuće Svoje djece i pruža im utjehu na svim životnim područjima. Amma općenito provodi cijeli dan – i većinu noći – tješeći Svoju djecu, slušajući i brišući njihove suze, ulijevajući im vjeru, povjerenje i snagu. Za to vrijeme, Amma je neprekidno u stanju prirodnog spokojstva. Ona se nikada ne umara, nikada ne žali. Lice joj uvijek obasjava blistav osmjeh. Amma, veoma osobita, a naizgled obična, neprestano posvećuje svoj život drugima.

Što Ammu čini toliko drugačijom od nas? U čemu je tajna? Odakle dolaze Njena beskonačna energija i snaga?

Amma odgovara na ta pitanja vrlo jasno i shvatljivo. Njene riječi to potvrđuju: "Ljepota vaših riječi, šarm vaših akcija, čar vaših pokreta, sve to ovisi o količini tišine koju posjedujete u sebi. Ljudi posjeduju sposobnost dubljeg ulaska u tu tišinu. Što dublje u nju uđete, bliže ste Beskonačnom." Potpuna tišina sama je srž Amminog postojanja. Bezuvjetna ljubav, nevjerojatno strpljenje, izuzetna milost i čistoća koje Amma utjelovljuje, tragovi su neizmjerne tišine u kojoj Ona boravi. Nekada Amma nije govorila toliko koliko govori danas. Jednom, kada su je pitali o tome, odgovorila je: "Čak i kad bi vam Amma govorila, ne biste ništa razumjeli." Zašto? Zato što kao neznalice kakve jesmo, ne možemo shvatiti najviše i najsuptilnije iskustvo u kojem se Amma nalazi. Zašto nam onda Amma ipak govori? Najbolje je to reći Amminim vlastitim riječima: "Ako nitko ne vodi tražitelje Istine, oni mogu odustati od puta misleći da ne postoji stanje kao što je samospoznaja."

Zapravo bi Velike Duše poput Amme radije ostale u tišini nego govorile o stvarnosti koja se nalazi iza ovog vidljivog svijeta događaja. Amma vrlo dobro zna da će Istina, kada se objašnjava riječima, neizbježno biti iskrivljena i da će je naši ograničeni, neuki umovi krivo tumačiti na način koji najmanje ugrožava naš ego. Bez obzira na to, ovo utjelovljenje suosjećanja nam govori, odgovara na naša pitanja i uklanja naše sumnje, znajući jako dobro da će naše misli stvarati još više zbunjujućih pitanja. Ammino strpljenje i čista ljubav prema čovječanstvu, razlog su zbog kojeg nastavlja odgovarati na naša budalasta pitanja. Ona to neće prestati činiti tako dugo dok i naši umovi ne postanu blaženo tihi.

U razgovorima koji su zabilježeni u ovoj knjizi, Amma, Učitelj nad Učiteljima, spušta Svoj um na razinu Svoje djece, pomažući nam dobiti uvid u nepromjenjivu stvarnost koja je osnova ovog promjenjivog svijeta.

Sakupljao sam ove bisere mudrosti od 1999. godine. Gotovo svi razgovori i prekrasni slučajevi snimljeni su tijekom Amminih putovanja po zapadu. Sjedeći do Amme tijekom darshana, pokušavao sam slušati slatku, božansku melodiju Amminog srca, koju je Ona uvijek spremna podijeliti sa Svojom djecom. Razumjeti čistoću, jednostavnost i dubinu Amminih riječi nije lako. To je svakako iznad mojih mogućnosti. Međutim, samo zbog Njenog beskrajnog suosjećanja, mogao sam snimati ove božanske izjave i ovdje ih prikazati.

Kao i sama Amma, Njene riječi također imaju dublju dimenziju nego se to na prvi pogled čini - beskonačni aspekt koji običan ljudski um ne može shvatiti. Moram priznati svoju nemoć da u potpunosti razumijem i cijenim dublje značenje Amminih riječi. Naši umovi, koji lutaju u trivijalnom svijetu predmeta, ne mogu dokučiti taj najviši stupanj svijesti iz kojeg Amma govori. Mogu reći da snažno osjećam da su Ammine riječi u ovoj knjizi vrlo posebne i nekako drugačije od onih u prethodnim knjigama.

Moja je stvarna želja bila odabrati i predstaviti Ammine prekrasne i neformalne govore Svojoj djeci. Trebalo mi je četiri godine da ih sakupim. U njima se nalazi cijeli svemir. Ove riječi dolaze iz dubine Ammine svijesti. Neposredno ispod njihove površine blažena je tišina – Ammina istinska priroda. Čitajte ih s dubokim osjećajem. Promatrajte i meditirajte o tom osjećaju i riječi će vam otkriti svoje unutarnje značenje.

Dragi čitatelji, siguran sam da će sadržaj ove knjige obogatiti i unaprijediti vašu duhovnu potragu uklanjanjem vaših sumnji i pročišćavanjem vaših umova.

Swami Amritaswarupananda
15. rujna, 2003.

11

Svrha života

Pitalac: Amma, koja je svrha života?

Amma: Ovisi o vašim prioritetima i pogledu na život.

Pitalac: Mislio sam na pitanje o „stvarnoj" svrsi života?

Amma: Stvarna svrha je iskusiti ono što je iznad ovog fizičkog postojanja.

No, svatko na život gleda drugačije. Većina ljudi na život gleda kao na stalnu borbu za opstanak. Takvi ljudi vjeruju u teoriju „najjači će preživjeti." Oni su zadovoljni uobičajenim načinom života, primjerice time što imaju kuću, posao, automobil, suprugu ili supruga, djecu i dovoljno novaca za život. Da, to jesu važne stvari koje zahtijevaju vašu usredotočenost na svakodnevni život i brižnost u ispunjenju vaših obaveza i odgovornosti, malih i velikih. Ali postoji nešto više, viša svrha, a to je da znate i spoznate tko ste.

Pitalac: Amma, što dobivamo time što znamo tko smo?

Amma: Sve. Osjećaj potpune ispunjenosti, bez potrebe da je išta više potrebno postići u životu. Ta spoznaja čini život potpunim. Bez obzira što ste sve stekli ili što nastojite postići, većina ljudi osjeća da su im životi nepotpuni - kao slovo „C". Ta će praznina ili nedostatak uvijek biti prisutni. Samo duhovno znanje i spoznaja Sebstva [*Atman*] mogu ispuniti tu prazninu i spojiti ta dva kraja kako bi izgledali kao slovo „O". Jedino će vam ta spoznaja pomoći da se osjećate čvrsto utemeljeni u pravom središtu života.

Pitalac: U tom slučaju, što je sa zemaljskim dužnostima koje ljudi moraju izvršavati?

Amma: Bez obzira tko ste ili što radite, dužnosti koje obavljate u svijetu trebaju vam pomoći u ostvarenju najviše *dharme*, a to je jedinstvo s univerzalnim Sebstvom. Sva živa bića su jedno zato što je život jedan i život ima samo jednu svrhu. Identificirajući se s tijelom i umom, čovjek misli: „Traženje Sebstva i postizanje samospoznaje nije moja *dharma*; moja *dharma* je raditi kao muzičar ili umjetnik ili poslovni čovjek." U redu je ako čovjek tako osjeća. Međutim, nikada nećete naći ispunjenje ne usmjerite li svoju energiju prema najvišem životnom cilju.

Pitalac: Amma, kažeš da je svima svrha života samospoznaja. Ali ne čini se tako, jer većina ljudi ne postiže spoznaju niti se ne čini da tome teže.

Amma: To je stoga što većina ljudi ne razumije duhovnost. To se naziva *maya,* obmanjujuća snaga svijeta koja skriva Istinu i udaljuje čovječanstvo od nje.

Bez obzira bili vi toga svjesni ili ne, stvarna svrha života je spoznati božanstvo u vama. Puno je stvari koje ne možete znati zbog vašeg trenutačnog mentalnog stanja. Djetinjasto je reći: „Ovo ne postoji, jer toga nisam svjestan." Kao što situacije i iskustva pokazuju, pojavit će se nove i nepoznate faze života koje će vas voditi sve bliže vašem istinskom Sebstvu. To je samo pitanje vremena. Za neke se ta spoznaja već dogodila; za neke druge ona će se ubrzo dogoditi; a za ostale će se dogoditi kasnije. Samo zato što se ona još nije dogodila ili se neće dogoditi u ovom životu, nemojte misliti da se nikada neće dogoditi.

Ogromno znanje u vama čeka na vašu dozvolu da se otkrije. No, otkrivanje se neće dogoditi ako vi to ne dozvolite.

Pitalac: Tko je taj koji bi trebao dozvoliti otkrivanje? Um?

Amma: Vaše cijelo biće, vaš um, tijelo i intelekt.

Pitalac: Je li to pitanje razumijevanja?

Amma: To je pitanje razumijevanja i činjenja.

Pitalac: Kako da razvijemo to razumijevanje?

Amma: Razvijanjem poniznosti.

Pitalac: Zašto je poniznost toliko bitna?

Amma: Poniznost vam pomaže prihvatiti sva iskustva bez osuđivanja. Tako bolje učite. Ne radi se samo o intelektualnom razumijevanju. Mnogo je ljudi svuda po svijetu koji u svojim glavama imaju više nego dovoljno duhovnih informacija. Međutim, koliko njih je zaista duhovno ili iskreno teži postići cilj ili barem pokušava dublje razumjeti duhovne principe? Samo nekolicina, zar ne?

Pitalac: Dakle, Amma, u čemu je pravi problem? Je li problem u nedostatku vjere ili u tome što nam je teško izaći iz svojih glava?

Amma: Ako imate iskrenu vjeru, tada automatski padate u srce.

Pitalac: Znači, radi se o nedostatku vjere?

Amma: Što ti misliš?

Pitalac: Da, to je nedostatak vjere. Ali zašto si to nazvala „padanjem" u srce?

Amma: U fizičkom smislu, glava je najviši dio tijela. Kako bi iz glave došao do srca, čovjek mora pasti. Međutim, duhovno govoreći, radi se o podizanju i lebdjenju u visini.

Budi strpljiv jer si pacijent[1]

Pitalac: Kako čovjek može dobiti stvarnu pomoć *Satgurua* [Istinski Učitelj]?

Amma: Da bi dobio pomoć, najprije treba prihvatiti da je pacijent te onda biti strpljiv.

Pitalac: Amma, jesi li ti naš doktor?

Amma: Niti jedan dobar doktor neće ići uokolo oglašavajući: „Ja sam najbolji doktor. Dođite k meni. Ja ću vas izliječiti." Iako pacijent ima najboljeg doktora, ukoliko mu ne vjeruje, tretman neće uspjeti. Nevezano za vrijeme i mjesto, sve operacije koje se dogode u kazalištu životnih operacija, obavlja Bog.

Vidjeli ste da kirurzi nose masku tijekom operacija. Nitko ih tada ne prepoznaje. No, doktor je odmah ispod maske. Na isti način, odmah ispod površine svih životnih iskustava je Božje ili Guruovo suosjećajno lice.

Pitalac: Amma, nemaš samilosti prema Svojim učenicima kada dođe do trenutka u kojem treba ukloniti njihov ego?

Amma: Kada doktor operira i uklanja kancerogeno tkivo s pacijentovog tijela, tumačite li to kao nedostatak samilosti? Ako je tako, Ammi također nedostaje samilosti, da se tako izrazim.

---

[1] (napomena: igra riječi; na engleskom riječ „patient" znači strpljiv i pacijent)

Ali Ona će dotaći njihov ego, samo u slučaju kada djeca žele surađivati.

Pitalac: Kako im pomažeš?

Amma: Amma pomaže Svojoj djeci vidjeti karcinom svog ega - unutarnje slabosti i negativnosti - i pomaže im da ga se oslobode. To je istinsko suosjećanje.

Pitalac: Misliš li o njima kao o Svojim pacijentima?

Amma: Mnogo je važnije da *oni* shvate da su pacijenti.

Pitalac: Amma, što misliš pod „suradnjom učenika"?

Amma: Mislim na njihovu vjeru i ljubav.

Pitalac: Amma, ovo je glupo pitanje. Ali ne mogu si pomoći da ga ne postavim. Molim te oprosti ako sam budalast.

Amma: Samo pitaj.

Pitalac: Koji je postotak uspješnosti Tvojih operacija?

Amma se glasno nasmijala i blago lupnula učenika po vrhu glave.

Amma: (još uvijek se smijući) Sine, uspješne operacije su vrlo rijetke.

Pitalac: Zašto?

Amma: Zato što ego većini ljudi ne dozvoljava da surađuju s doktorom. To doktoru onemogućava obaviti dobar posao.

Pitalac: (nestašno) Doktor si Ti, nisi li?

Amma: (na engleskom) Ne znam.

Pitalac: U redu, Amma, koji je osnovni uvjet da bi takva operacija uspjela?

Amma: Jednom kada je pacijent na operacijskom stolu, jedina stvar koju on može učiniti je da bude miran, da vjeruje doktoru te da se preda. Danas, čak i prilikom malih operacija doktor pacijentu daje anesteziju. Nitko ne želi iskusiti bol. Ljudi bi radije bili nesvjesni nego ostali budni kada prolaze kroz bol. Anestezija, bila ona lokalna ili opća, pacijenta čini nesvjesnim postupka. Međutim, kada Istinski Učitelj radi na vama - na vašem egu – On ili Ona više vole kada ste svjesni. Operacija Božanskog Učitelja uklanja učenikov kancerogeni ego. Cijeli proces puno je lakši ako učenik ostane otvoren i svjestan.

19

Pravo značenje dharme

Pitalac: Različiti ljudi na različite načine objašnjavaju *dharmu*. Zbunjujuće je što postoje tolika objašnjenja jednog pojma kao što je *dharma*. Amma, koje je pravo značenje *dharme*?

Amma: Tek kada iskusite da je Bog vaš izvor i podrška, moći ćete razumjeti pravo značenje *dharme*. To se ne može shvatiti pomoću riječi ili knjiga.

Pitalac: To je konačna *dharma*, zar ne? No, koje je njeno značenje u našem svakodnevnom životu?

Amma: To je otkriće do kojeg dođe svatko od vas tijekom različitih životnih iskustava. Neki brzo dođu do tog otkrića. U trenu pronađu pravi put i pravi tijek djelovanja. Za druge je ono spor proces. Oni moraju proći kroz proces pokušaja i pogrešaka prije no što dođu do točke u životu odakle mogu početi obavljati svoju dharmu u ovom svijetu. No, to ne znači da je sve što su učinili do tada bilo uzaludno. Ne, to je obogatilo njihovo iskustvo i iz toga su naučili određene lekcije, pod uvjetom da su tijekom toga ostali otvoreni.

Pitalac: Može li vođenje normalnog obiteljskog života, suočavanje s izazovima i problemima kućevlasnika, ometati čovjekovo duhovno buđenje?

Amma: Ne, ako vam je konačni cilj u životu postići samospoznaju. Ako je to vaš cilj, nećete li oblikovati sve vaše misli i djelovanja tako da vam pomognu ostvariti samospoznaju? Stalno ćete biti svjesni vašeg pravog odredišta. Netko tko putuje iz jednog mjesta u drugo, može se zaustaviti nekoliko puta da bi popio šalicu čaja ili kave ili da bi jeo, ali on će se svaki put vratiti u vozilo. Čak i tijekom tih kraćih zaustavljanja, biti će svjestan svojeg pravog odredišta. Isto tako se u životu možete zaustaviti mnogo puta da biste napravili razne stvari. No, ne smijete zaboraviti ponovno ući u vozilo koje vas vodi duhovnim putem te ostati sjediti sa čvrsto zavezanim pojasom.

Pitalac: „Čvrsto zavezanim pojasom"?

21

Amma: Da. Tijekom leta zračni džepovi mogu stvoriti turbulencije i tada vožnja može biti nesigurna. Nesreća se može dogoditi čak i na putovanju cestom. Zato je uvijek najbolje biti siguran i poduzeti određene mjere sigurnosti. Isto se tako na duhovnom putu ne mogu isključiti situacije koje mogu uzrokovati mentalni i emocionalni nemir. Da bi se zaštitili od takvih okolnosti, morate slušati *Satgurua* [Istinski Učitelj] i biti disciplinirani i pridržavati se onoga što se smije i ne smije u životu. To su ti pojasevi kad govorimo o duhovnom putu.

Pitalac: Dakle, bez obzira što radimo, to nas ne bi trebalo odvratiti od naše konačne dharme, a to je spoznaja Boga. Amma, je li to ono što nam govoriš?

Amma: Da. U onima koji žele živjeti život kontemplacije i meditacije, treba gorjeti ovaj unutarnji plamen čežnje.

Značenje *dharme* je "ono što podržava" - ono što podržava život i postojanje je *Atman* [Sebstvo]. Dakle, *dharma*, iako se obično koristi da bi označila "čovjekovu dužnost" ili put kojim čovjek treba ići u svijetu, u konačnici ukazuje na samospoznaju. U tom smislu, samo one misli i djelovanja koja podržavaju vaš duhovni napredak, možemo nazvati *dharmom*.

Djelovanja koja su nastala u pravo vrijeme, s pravim stavom, na pravi način, su *dharmična*. Taj osjećaj ispravnog djelovanja može pomoći u procesu mentalnog pročišćenja. Možete biti biznismen ili vozač automobila, mesar ili političar; bez obzira koji vaš posao bio, obavljate li ga kao svoju *dharmu*, kao sredstvo do *mokshe* [oslobođenje], tada vaša djelovanja postaju sveta. Na taj su se način *gopije* [supruge pastira krava] iz Vrindavana, koje su za život zarađivale od prodaje mlijeka i maslaca, približile Bogu i konačno postigle životni cilj.

Ljubav i ljubav

Pitalac: Amma, u čemu je razlika između ljubavi i Ljubavi?

Amma: Razlika između ljubavi i Ljubavi je razlika između ljudskih bića i Boga. Ljubav je priroda Boga, a ljubav je priroda ljudskih bića.

Pitalac: Ali Ljubav je prava priroda ljudskih bića također, nije li?

Amma: Da, ako ljudsko biće spozna tu istinu.

Svijest i svjesnost

Pitalac: Amma, što je Bog?

Amma: Bog je čista svijest; Bog je čista svjesnost.

Pitalac: Jesu li svijest i svjesnost isto?

Amma: Da, isto su. Što ste svjesniji, to imate veću svijest, i obrnuto, što imate veću svijest, svjesniji ste.

Pitalac: Amma, u čemu je razlika između materije i svijesti?

Amma: Jedno je izvanjsko, a drugo je unutarnje. Izvanjsko je materija, a unutarnje je svijest. Izvanjsko je promjenjivo, a unutarnje, trajni *Atman* [Sebstvo], je nepromjenjivo. Ta prisutnost Atmana sve oživljava i osvjetljava. Atman je samoobasjavajući, dok materija nije. Bez svijesti, materija ostaje nepoznata. Međutim, jednom kada transcendirate sve razlike, vidjet ćete kako je sve prožeto čistom sviješću.

Pitalac: „Iznad svih razlika," „sve je prožeto čistom sviješću" – Amma, uvijek koristiš prekrasne primjere. Možeš li dati još jedan primjer da nam ovo još bolje približiš?

Amma: (smiješeći se) Ni tisuće takvih prekrasnih primjera neće zaustaviti um od postavljanja istih pitanja. Jedino će čisto iskustvo ukloniti sve sumnje. No, ako će intelekt biti imalo zadovoljniji, Amma nema ništa protiv primjera.

To je poput boravka u šumi. Kada ste u njoj, vidite različite vrste drveća, biljaka i penjačica u svim njihovim raznolikostima. No, kada izađete iz šume i počnete se udaljavati od nje te kada se osvrnete, sve to različito drveće i biljke postepeno nestaju, dok na kraju ne ugledate sve kao jednu šumu. Isto tako, kada transcendirate um, nestati će ograničenja uma u obliku sitnih želja i sve razlike stvorene osjećajem "ja" i "ti". Tada ćete početi doživljavati sve kao jedno i jedino Sebstvo.

Svijest je uvijek prisutna

Pitalac: Ako je svijest uvijek prisutna, postoji li uvjerljiv dokaz njenog postojanja?

Amma: Vaše vlastito postojanje je najveći dokaz svijesti. Možete li negirati vlastito postojanje? Ne, zato što bi i samo negiranje bilo dokaz vašeg postojanja, zar ne? Pretpostavimo da netko pita: „Hej, jesi li ovdje?". Ti odgovaraš: „Ne, nisam." I negativan odgovor bio bi jasan dokaz tvog postojanja. Nije potrebno odgovoriti potvrdno. I samom negacijom to dokazuješ. Tako da ni sumnja u postojanje *Atmana* [Sebstva] nije moguća.

Pitalac: Ako je tako, zašto je tako teško postići to iskustvo?

Amma: "Ono što jest" može se jedino iskusiti kada ste toga svjesni. Inače vam ostaje nepoznato unatoč svom postojanju. Radi se samo o tome da vam je istina o tom postojanju ostala nepoznata. Zakon gravitacije je postojao i prije nego što je otkriven. Kamen bačen prema gore uvijek je morao pasti dolje. Na isti način, svijest je uvijek prisutna u vama - sada, u sadašnjem trenutku - ali ste možda toga nesvjesni. U stvari, samo sadašnji trenutak je stvaran. Ali da biste to iskusili, trebate novu viziju, novo oko pa čak i novo tijelo.

Pitalac: „Novo tijelo"? Što time misliš?

Amma: To ne znači da će tijelo koje imate, nestati. Ono će izgledati isto, ali će proći suptilne promjene, transformacije. Tek će tada moći obuhvatiti sveprožimajuću svijest.

Pitalac: Što misliš pod širenjem svijesti? U *Upanishadama* piše da je Apsolut *purnam* [uvijek pun]. *Upanishade* kažu: „*purnamada purnamidam…*" ["Ovo je puno, ono je puno…"] pa ne razumijem kako već savršena svijest može rasti?

Amma: To je potpuno istinito. Međutim, na individualnom ili fizičkom planu, duhovni aspirant prolazi kroz iskustvo širenja svijesti. Cjelokupna *shakti* [božanska energija] je naravno nepromjenjiva. Međutim, iz Vedantičkog [odnosi se na Hindu duhovnu filozofiju ne-dualizma] gledišta ne postoji duhovno putovanje, već je to za pojedinca tzv. putovanje prema stanju savršenstva. Nakon što postignete cilj, shvatiti ćete da je cijeli proces, uključujući putovanje, bio nestvaran, jer ste oduvijek bili tamo u tom stanju, nikada van njega. Dok ne postigne konačnu spoznaju, svjesnost i svijest se šire ovisno o napredovanju *sadhake* [duhovnog aspiranta].

Na primjer, što se događa kada crpite vodu iz bunara? Bunar se odmah puni vodom iz izvora ispod njega. Izvor će nastaviti puniti bunar. Što više vode crpite, više vode dolazi iz izvora. Dakle, moglo bi se reći da voda u bunaru raste. Izvor je beskrajno vrelo. Bunar je pun i ostaje pun jer je vječno spojen s izvorom. Bunar je sve potpuniji. Nastavlja se širiti.

Pitalac: (nakon tihog razmišljanja) To je vrlo živopisno, ali još uvijek zvuči komplicirano.

Amma: Da, um to ne razumije. Amma to zna. Najjednostavnije je i najteže. Najjednostavnije ostaje najsloženije. Najbliže se čini najdalje. To će i dalje ostati zagonetka sve dok ne spoznaš Sebstvo. Zbog toga su *Rishiji* [drevni proroci] opisali Atmana kao "dalji od najdaljeg i bliži od najbližeg."

Djeco, ljudsko tijelo je vrlo ograničen instrument. Ono ne može sadržavati neograničenu svijest. Međutim, baš poput bunara, kada ste jednom povezani s vječnim izvorom *shakti,* vaša će se svijest u vama širiti. Jednom kada dosegnete stanje konačnog *samadhija* [prirodno stanje postojanja], ostvariti će se savršena harmonija tijela i uma, Boga i svijeta. Tada više nema rasta ni ičeg drugog. Ostajete jedno s beskrajnim oceanom svijesti.

Bez tvrdnji

Pitalac: Amma, tvrdiš li nešto?

Amma: Na što misliš?

Pitalac: Da si inkarnacija Božanske Majke ili u potpunosti samospoznati Učitelj i tome slično.

Amma: Objavljuje li predsjednik ili premijer ijedne zemlje kuda god išao: „Znate li tko sam ja? Ja sam predsjednik/premijer"? Ne. Oni su ono što jesu. Čak i tvrditi da si Avatar [Bog koji je sišao u ljudskom obliku] ili da si samospoznati, uključuje ego. U stvari, tvrdi li tko da je Inkarnacija, Savršena Duša, to je samo po sebi dokaz da to nije.

Savršeni Učitelji to ne tvrde. Oni uvijek pokazuju svijetu kako biti ponizan. Zapamtite, samospoznaja vas ne čini posebnima. Ona vas čini poniznima.

Kako biste tvrdili da ste nešto, ne morate biti samospoznati niti morate imati ikakve posebne vještine. Jedino što trebate imati je veliki ego, lažni ponos. A to je ono što Savršeni Učitelj nema.

Važnost Gurua na duhovnom putu

Pitalac: Zašto je Guru toliko važan na duhovnom putu?

Amma: Hajde, reci Ammi, postoji li bilo koji put ili posao koji se može naučiti bez pomoći učitelja ili vodiča? Ukoliko želite naučiti voziti, mora vas podučavati iskusan vozač. Dijete treba podučiti kako vezati vezice. I kako biste naučiti matematiku bez učitelja? Čak i džepar treba učitelja da ga nauči krasti. Ako su učitelji neophodni u svakodnevnom životu, nisu li još potrebniji učitelji na duhovnom putu koji je tako iznimno suptilan?

Želite li ići na neko udaljeno mjesto, vjerojatno ćete kupiti mapu. No, bez obzira na to koliko dobro proučili mapu, idete li u potpuno stranu zemlju, nepoznato mjesto, nećete ništa znati o tom mjestu dok zapravo ne stignete tamo. Niti mapa vam neće puno pokazati o samom putovanju, o usponima i padovima na cesti i mogućim opasnostima na putu. Zato je bolje imati vodstvo nekoga tko je završio putovanje, nekoga tko zna put na temelju svog vlastitog iskustva. Što znate o duhovnom putu? To je potpuno nepoznat svijet i nepoznat put. Možda ste prikupili neke podatke iz knjiga ili od ljudi. No, kada trebate početi djelovati, kada dođete do iskustvenog dijela, *Satguruovo* [Istinski Učitelj] usmjeravanje je apsolutno neophodno.

31

Ammin dodir izlječenja

Jednog je dana koordinator Ammine Europske turneje Ammi doveo mladu ženu. Žena je jako plakala. "Želi ispričati Ammi vrlo tužnu priču." - rekao mi je. Sa suzama koje su joj tekle niz lice, žena je rekla Ammi da je otac napustio njihov dom kada je imala samo pet godina. Kao mala djevojčica običavala je pitati majku gdje se on nalazi. Ali njena majka nikada nije rekla ništa dobroga o ocu djevojčice, zato što su imali jako loš odnos. Kako su godine prolazile, smanjivala se znatiželja mlade žene o njenom ocu.

Prije dvije godine – 20 godina nakon što je otac nestao - majka mlade žene je umrla. Pregledavajući majčine stvari, zaprepastila se ugledavši adresu svog oca u jednom od majčinih dnevnika. Ubrzo je uspjela dobiti njegov telefonski broj. Nije mogla suspregnuti uzbuđenje pa ga je odmah nazvala. Radosti oca i kćeri nije bilo kraja. Nakon što su dugo pričali putem telefona, odlučili su se i sastati. On se složio da će se dovesti do sela u kojem je kći živjela te su dogovorili dan sastanka. Ali je sudbina bila izuzetno okrutna, potpuno nemilosrdna. Na putovanju prema kćeri, poginuo je u nesreći.

Mladoj se ženi slomilo srce. Iz bolnice su je nazvali da dođe identificirati oca te su joj predali njegovo tijelo da se pobrine za njega. Zamislite u kakvom je strašnom mentalnom stanju bila ta mlada žena. Čekala je s ogromnim iščekivanjem da vidi oca, kojeg nije vidjela 20 godina i tada, na kraju, sve što je mogla vidjeti od njega, bilo je njegovo mrtvo tijelo! Da stvar bude gora, doktor je rekao mladoj ženi da se nesreća dogodila zato što je njen otac imao srčani udar tijekom vožnje. Vjerojatno je to bila posljedica njegovog uzbuđenja što će vidjeti kćer nakon toliko godina.

Toga sam jutra, kada je Amma primila tu mladu ženu, svjedočio najljepšem i najdirljivijem *darshanu* kojeg sam ikada vidio. Dok je žena neutješno plakala, Amma je brisala Svoje suze koje su joj padale niz lice. Nježno grleći ženu, Amma je naslonila njenu glavu u Svoje krilo, brišući joj suze, milujući je i ljubeći je, nježno joj govoreći: „Kćeri moja, dijete moje, nemoj plakati!" Amma je ženu smirila i utješila. Između njih je bila gotovo neverbalna komunikacija. Promatrajući ovu scenu otvoreno koliko god sam mogao, naučio sam novu važnu lekciju o izlječenju ranjenog srca i kako se to dogodi u Amminoj prisutnosti. Kada je žena odlazila, na njoj se vidjela očita promjena. Činila se olakšana i opuštenija. Pri odlasku se okrenula prema meni i rekla: „Susret s Ammom me je učinio laganom poput cvijeta".

Amma upotrebljava vrlo malo riječi tijekom takvih intenzivnih situacija, naročito kada dijeli bol i tugu drugih. Samo tišina prožeta dubokim osjećajem može odagnati bol drugih. Kada takve situacije nastanu, Amma govori kroz Svoje oči, dijeleći bol Svoje djece i izražavajući Svoju duboku ljubav, brigu, potporu i brižnost. Amma kaže: „Ego ne može izliječiti nikoga. Visoko filozofski govori maštovitim jezikom samo će zbuniti ljude. S druge strane, pogled ili dodir osobe bez ega lako će ukloniti oblake boli i očaja iz čovjekovog uma. To je ono što dovodi do pravog izlječenja."

33

Bol zbog smrti

Pitalac: Amma, zašto je tako puno straha i boli povezano sa smrću?

Amma: Previše vezanosti za tijelo i svijet stvara bol i strah od smrti. Gotovo svi vjeruju da smrt znači potpuno uništenje. Nitko ne želi ostaviti svijet i nestati u zaboravu. Kada ste tako vezani, proces napuštanja tijela i svijeta je bolan.

Pitalac: Hoće li smrt biti bezbolna ako nadrastemo tu vezanost?

Amma: Transcendira li čovjek vezanost za tijelo, ne samo da će smrt postati bezbolna, ona će postati blaženo iskustvo. Možete ostati svjedok smrti tijela. Uz stav nevezanosti, smrt postaje drugačije iskustvo.

Većina ljudi umire u strašnom razočaranju i frustraciji. Obuzeti dubokom tugom, troše svoje posljednje dane u strepnji, boli i krajnjem očaju. Zašto? Jer nikada nisu naučili odvezati se i osloboditi od besmislenih snova, želja i vezanosti. Starost, pogotovo posljednji dani takvih ljudi, postat će gori od pakla. To je razlog zašto je mudrost važna.

Pitalac: Postaje li čovjek s godinama mudriji?

Amma: To je opće uvjerenje. Nakon što je čovjek vidio i doživio toliko toga prolazeći različite životne faze, trebao bi postati mudriji. Međutim, nije tako lako postići tu razinu mudrosti, naročito u današnjem svijetu u kojem su ljudi tako sebični.

Pitalac: Amma, možeš li, molim Te, to još malo objasniti?

Amma: Prema *Rišijima* [drevni proroci], postoje četiri doba: *Satyayuga, Tretayuga, Dwaparayuga* i *Kaliyuga*. Sada ste u Kaliyugi, mračnom dobu materijalizma. Najprije dolazi Satyayuga, vrijeme u kojem postoje samo istina i iskrenost. Nakon što je putovalo kroz Treta i Dwapara Yugu, čovječanstvo je sada doseglo Kaliyugu, zadnje doba, čija kulminacija dovodi do slijedeće Satyayuge. Međutim, kao što ste ušli, boravili i izašli iz Treta i Dwapara Yuge, tako ste izgubili i mnogo prekrasnih vrijednosti, poput istine, suosjećanja, ljubavi, itd. Doba istine i istinitosti je bio vrhunac. Treta i Dwapara Yuga su bile sredina, kada ste još podržavali malo *dharme* [pravednost] i *satye* [istina]. Sada ste dosegli drugi vrhunac, vrhunac *adharme* [nepravednost] i *asatye* [neistinitost]. Jedino će lekcije poniznosti pomoći čovječanstvu shvatiti tamu koja ga trenutačno okružuje. One će vas pripremiti kako bi se popeli na vrhunac svjetla i istinitosti. Nadajmo se i molimo da ljudi koji pripadaju svim vjerama i svim kulturama širom svijeta nauče ovu lekciju, koja je potrebna ovom dobu.

Prečica do samospoznaje

Pitalac: U današnjem svijetu ljudi traže prečicu do svih postignuća. Postoji li kakva prečica do samospoznaje?

Amma: To je kao da pitate: "Postoji li kakva prečica do samoga sebe?". Samospoznaja je put do vašega vlastitog Sebstva. Stoga je ona jednostavna poput paljenja svjetla. Međutim, morate znati koji prekidač treba pritisnuti i kako, jer je taj prekidač skriven u vama. Ne možete ga pronaći nigdje izvana. U tome trebate pomoć Božanskog Učitelja. Vrata su uvijek otvorena. Vi samo kroz njih morate proći.

Duhovno napredovati

Pitalac: Amma, meditiram već mnogo godina. No, ne mislim da stvarno napredujem. Radim li što krivo? Misliš li da obavljam ispravnu duhovnu praksu?

Amma: Prije svega, Amma želi znati zašto misliš da ne napreduješ. Koji je tvoj kriterij za duhovni napredak?

Pitalac: Nikada nisam imao neku viziju.

Amma: Kakvu viziju očekuješ?

Pitalac: Nikada nisam vidio ikakvo božansko plavo svjetlo.

Amma: Odakle ti zamisao da trebaš vidjeti plavo svjetlo?

Pitalac: To mi je rekao jedan prijatelj. O tome sam čitao i u knjigama.

Amma: Sine, nemoj imati nepotrebne ideje o svojoj *sadhani* [duhovna praksa] i duhovnom napretku. To je pogrešno. Tvoja ideja o duhovnosti kao takvoj, može postati kamen spoticaja na tvom putu. Radiš dobru sadhanu, ali s krivim stavom. Čekaš da ti se pokaže božansko plavo svjetlo. Neobično je da uopće nemaš ideju o tome kakvo je božansko svjetlo, no ti misliš da je plavo. Tko zna, možda se ono i pojavilo, ali ti čekaš neko određeno božansko plavo svjetlo. Što ako se božanstvo odlučilo pojaviti kao crveno ili zeleno svjetlo? Onda si ga možda propustio.

Jednom je Ammi jedan sin rekao kako čeka da mu se u meditaciji pojavi zeleno svjetlo. Zato mu je Amma rekla da bude pažljiv tijekom vožnje, jer bi mogao proći kroz crveno svjetlo, misleći da prolazi kroz zeleno. Takvi koncepti o duhovnosti su zaista opasni. Sine, cilj svih duhovnih praksi je doživljavati mir u svim okolnostima. Sve ostalo – bilo to svjetlo, zvuk ili forma - doći će i proći. Čak i ako imaš neke vizije, one će biti privremene. Jedino stalno iskustvo je potpuni mir. Taj mir i iskustvo mirnoće uma je doista pravi plod duhovnog života.

Pitalac: Amma, je li loše željeti takva iskustva?

Amma: Amma ne bi rekla da je to loše. Ipak, nemoj im pridavati preveliki značaj, jer ćeš u suprotnom usporiti duhovni napredak. Ako se ipak pojave, dopusti im da postoje. To je ispravan stav.

U početnom stupnju duhovnog života, tražitelj će imati puno zabluda i krivih ideja o duhovnosti zbog prevelikog uzbuđenja i niske svjesnosti. Na primjer, neki su ljudi ludi za vizijama bogova i božica. Čežnja da se vide boje je još jedna žudnja. Mnogim ljudima su privlačni prekrasni zvukovi. Koliko mnogo ljudi potroši svoj cijeli život trčeći za *siddhijima* [jogijske moći]! Također postoje ljudi koji nestrpljivo žele postići brzi *samadhi* [stanje prirodnog postojanja] i *mokshu* [oslobođenje]. Ljudi su čuli i mnogo priča o buđenju *kundalini* [duhovna energija koja leži uspavana u bazi kralježnice]. Istinski duhovni tražitelj nikada neće biti opsjednut takvim idejama. Takvi koncepti mogu znatno usporiti vaš duhovni napredak. Zato je vrlo važno dobro razumjeti i zdravo, inteligentno pristupiti duhovnom životu od samog početka. Nekritičko slušanje svakoga tko tvrdi da je Učitelj i neselektivno čitanje knjiga, stvara dodatnu zbunjenost.

Um Samospoznate duše

Pitalac: Kakav je um Samospoznate duše?

Amma: To je um bez misli.

Pitalac: To nije um?

Amma: To je prostranost.

Pitalac: Ali one su također u interakciji sa svijetom? Kako je interakcija moguća bez uma?

Amma: Naravno, samospoznate duše „koriste" um kako bi bile u interakciji sa svijetom. No, postoji velika razlika između uobičajenog ljudskog uma punog različitih misli i uma Mahatme. Mahatme se koriste umom, dok se um koristi vama. Oni nisu proračunati, nego su spontani. Spontanost je priroda srca. Osoba koja se previše poistovjećuje s umom ne može biti spontana.

Pitalac: Većina ljudi se poistovjećuje sa svojim umom. Želiš li reći da su ljudi po svojoj prirodi manipulativni?

Amma: Ne, postoji mnogo situacija u kojima se ljudi poistovjećuju sa srcem i svojim pozitivnim osjećajima. Kada su ljudi ljubazni, suosjećajni i obzirni prema drugima, oni više prebivaju u svom srcu nego u svom umu. Ali jesu li se sposobni stalno tako ponašati? Ne, ljudi se puno češće poistovjećuju sa svojim umom. To je ono na što je Amma mislila.

Pitalac: Ako u svima postoji sposobnost da ostanu savršeno usklađeni s pozitivnim osjećajima srca, zašto se ta usklađenost ne događa češće?

Amma: Zato što je u vašem trenutačnom stanju, um moćniji. Kako bi ostali usklađeni s pozitivnim osjećajima srca, trebate ojačati vezu s tišinom svog duhovnog srca, a oslabiti vezu s nemirima svog bučnog uma.

Pitalac: Što čovjeku pomaže da bude spontan i otvoren?

Amma: Smanjiti uplitanje ega.

Pitalac: Što se događa kada se ego manje uplliće?

Amma: Osnažit će vas intenzivna čežnja iz dubine vaše nutrine. Nakon toga, iako ćete imati naviku djelovati na dotadašnji proračunati način, neće biti nikakve proračunate radnje ili truda. Ta aktivnost ili što god to bilo, bit će tako prekrasna i ispunjavajuća.

Tada će i ostali biti privučeni time što ste učinili. Takvi trenuci su izraz vašeg srca. Tada ste bliže svojem pravom biću. Takvi trenuci zapravo dolaze s mjesta koje je iznad – iznad uma i intelekta. Dolazi do naglog usklađenja s beskrajnošću i spajate se na izvor univerzalne energije.

Istinski Učitelji uvijek su u tom stanju spontanosti te i drugima stvaraju takve situacije.

Udaljenost između Amme i nas

Pitalac: Amma, koliko smo udaljeni od Tebe?

Amma: Nema udaljenosti i beskrajna je.

Pitalac: Nema je i beskrajna je?

Amma: Da, ne postoji apsolutno nikakva udaljenost između vas i Amme. Ali istodobno, udaljenost je beskrajna.

Pitalac: To zvuči kontradiktorno.

Amma: Zvuči kontradiktorno zbog ograničenja uma. Tako će biti dok ne postignete krajnje stanje spoznaje. Nema objašnjenja, bez obzira koliko inteligentno ili logično bilo, koje bi uklonilo ovu kontradikciju.

Pitalac: Razumijem ograničenja svog uma. Ne razumijem zašto to mora biti tako paradoksalno i dvosmisleno. Kako je moguće da je istovremeno nema i da je beskrajna?

Amma: Ponajprije, kćeri, ne razumiješ ograničenja svog uma. Da bi razumjela malenost uma potrebno je razumjeti veličinu Boga, božanskog. Um je veliki teret. Jednom kada se pojavi pravo shvaćanje, spoznat ćeš besmislenost nošenja ovog velikog tereta zvanog um. Nećeš ga više moći nositi. Ta će ti spoznaja pomoći da ga se riješiš.

Kćeri, tako dugo dok ignoriraš unutarnju božanstvenost, udaljenost je beskrajna. No, u trenutku prosvjetljenja pojavit će se spoznaja da udaljenost nikada nije ni postojala.

Pitalac: Intelektu je nemoguće razumjeti ovaj cijeli proces.

Amma: Kćeri, to je dobar znak. Barem se slažeš da je intelektu nemoguće razumjeti ovaj cijeli takozvani proces.

Pitalac: Znači li to da takav proces ne postoji?

Amma: Točno. Na primjer, postoji čovjek koji je rođen slijep. Zna li on išta o svjetlu? Ne, jadan čovjek poznaje jedino mrak, potpuno drugačiji svijet od svijeta onih koji su blagoslovljeni vidom. Doktor mu kaže: „Odete li na operaciju, možete progledati. Potrebne su određene korekcije."

Ako se čovjek odluči za operaciju kao što mu je doktor sugerirao, mrak će uskoro nestati i pojaviti će se svjetlost, zar ne? Dakle, odakle ta svjetlost dolazi, odnekud izvana? Ne, vidioc je stalno čekao unutar tog čovjeka. Isto tako, nakon što ispraviš svoj unutarnji vid kroz duhovne prakse, svjetlo čistog znanja, koje u tebi čeka, će se pojaviti.

Ammini načini djelovanja

A mmini načini djelovanja su jedinstveni. Lekcije dolaze neočekivano i uvijek ostavljaju izniman dojam. Tijekom jutarnjeg *darshana*, jedan od sudionika retreata je doveo ženu koja za to sudjelovanje nije bila prijavljena. Primijetio sam došljakinju i o tome obavijestio Ammu. No, Amma me je skroz ignorirala i nastavila je davati *darshan*.

Pomislio sam: „U redu; Amma je zaposlena. Ipak ću paziti na nepozvanu gošću." Tako sam slijedećih nekoliko minuta, iako je moja glavna *seva* [nesebično pomaganje] bila prevođenje pokloni-kovih pitanja Ammi, odlučio da mi dodatna *seva* bude praćenje svakog pokreta došljakinje. Čvrsto se držala poklonika koji ju je doveo, tako da su ih moje oči pažljivo pratile kamo god su išli. Istovremeno sam davao Ammi kratke komentare o njihovom kretanju. Iako me Amma nije slušala, svejedno sam smatrao da ju trebam informirati.

Ubrzo nakon što su se oboje pridružili posebnom redu, entuzijastično sam o tome obavijestio Ammu. Bez obzira na to, Amma je nastavila davati *darshan* poklonicima. U međuvremenu mi se približio par poklonika. Ukazujući na „prijestupnicu", jedan od njih je rekao: "Vidite li onu ženu? Čudna je. Čuo sam što govori. Vrlo je negativna. Mislim da nije mudro što je s nama u dvorani."

Drugi je poklonik ozbiljno pitao: „Pitajte Ammu što da napravimo s njom – da je izbacimo? Nakon dosta napora, uspio sam dobiti Amminu pažnju. Ona me napokon pogledala i pitala: „Gdje je ona?" Nas troje smo bili presretni. Mislili smo – barem sam ja tako mislio - da će Amma uskoro izreći te „najugodnije" tri riječi koje smo nestrpljivo čekali: „Izbacite ju van".

Čuvši kako Amma pita: „Gdje je ona?" svi troje smo pogledali na mjesto gdje je neprijavljena žena sjedila. Amma ju je pogledala. Sada smo znatiželjno čekali konačnu presudu. Amma se okrenula prema nama i rekla: „Zovite ju." Skoro smo popadali jedno preko drugoga dok smo se žurili pozvati gospođu.

Čim je gospođa bila blizu Ammine stolice za darshan, Amma je ispružila ruke i s dobroćudnim osmjehom na licu rekla: „Dođi, kćeri moja." Strankinja je spontano pala u Ammine ruke. Kako smo vidjeli, gospođa je imala jedan od najljepših darshana. Amma je nježno privila ženu na Svoje rame i nježno joj milovala leđa. Zatim je Svojim dlanovima obuhvatila ženino lice i pogledala ju duboko u oči. Niz ženine obraze su potekle suze, a Amma ih je suosjećajno brisala Svojim rukama.

Nemoćni da zadržimo suze, mojih dvoje „kolega" i ja, stajali smo iza Ammine stolice za darshan potpuno raznježeni.

Odmah nakon što je gospođa otišla, Amma me je pogledala i rekla s osmjehom na licu: „Ovoga si jutra potratio tako puno svoje energije."

Pun strahopoštovanja, pogledao sam Amminu malu figuru koja je nastavila obasipati blaženstvom i blagoslovima Svoju djecu. Premda sam ostao bez riječi, sjetio sam se kako je Amma prekrasno rekla: „Amma je poput rijeke. Ona jednostavno teče. Neki ljudi se peru u toj rijeci. Drugi gase žeđ pijući iz rijeke. Neki ljudi dolaze plivati i uživati u njoj. No, neki pljuju u nju. Što god da se događa, rijeka prihvaća sve i teče nedirnuta, obuhvaćajući sve što dođe u njeno naručje."

Tako sam doživio još jedan nevjerojatan trenutak u prisutnosti Amme, Najvišega Učitelja.

Ne postoji nova istina

Pitalac: Amma, misliš li da čovječanstvu treba nova istina koja bi ga probudila?

Amma: Čovječanstvu ne treba nova istina. Ono jedino treba uvidjeti već postojeću Istinu. Postoji samo jedna Istina. Ta Istina oduvijek sjaji u svima nama. Ta jedna i jedina Istina nije nova, niti stara. Ona je uvijek ista, nepromjenjiva, uvijek svježa. Pitati za novu Istinu je kao da predškolsko dijete pita učiteljicu: „Gospođice, govorite nam da je 2+2 jednako 4 već toliko dugo. To je već tako zastarjelo. Zašto ne kažete nešto novo, kao npr. da je jednako 5, umjesto 4?" Istina se ne može promijeniti. Ona oduvijek postoji i uvijek je ista.

U ovom novom tisućljeću bit će mnogo duhovnih buđenja, kako na Istoku tako i na Zapadu. To je doista potrebno ovom dobu. Rastući broj znanstvenih spoznaja do kojih je čovječanstvo došlo, mora vas voditi Bogu.

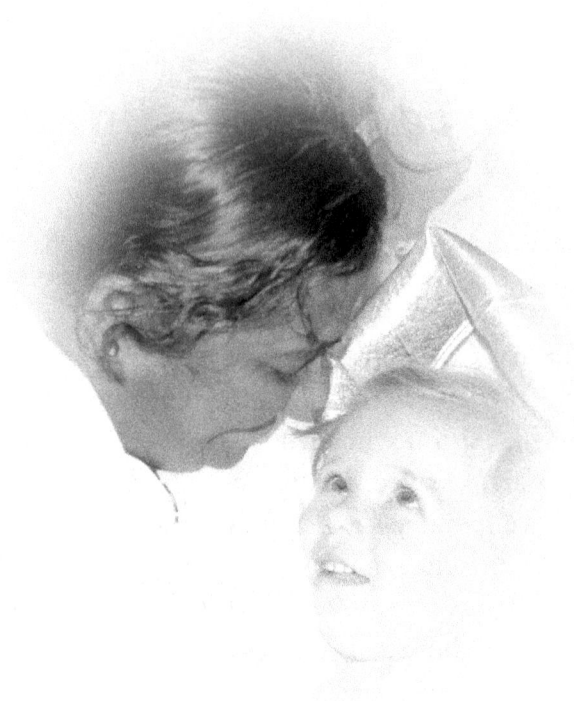

Istina

Pitalac: Amma, što je Istina?

Amma: Istina je ono što je vječno i nepromjenjivo.

Pitalac: Je li istinitost Istina?

Amma: Istinitost je samo odlika, a ne Istina koja je krajnja stvarnost.

Pitalac: Nije li ta odlika dio Istine kao krajnje stvarnosti?

Amma: Da, baš kao što je sve dio Istine koja je krajnja stvarnost, istinitost je također dio nje.

Pitalac: Ako je sve dio te krajnje stvarnosti, onda su osim dobrih osobina i loše osobine isto dio nje, nisu li?

Amma: Da, ali kćeri, još uvijek si na zemlji i nisi dosegla te visine. Pretpostavimo da prvi puta letiš avionom. Dok se ne ukrcaš u avion, ne možeš imati nikakvu zamisao o letenju. Gledaš uokolo i vidiš ljude kako pričaju i viču. Vidiš zgrade, drveća, vozila u pokretu, djecu kako plaču i tako dalje. Nakon nekog vremena ulaziš u avion. Zatim polijećete, polako letite sve više i više. U tom trenutku, kada pogledaš dolje, vidiš da sve postaje manje i manje, postepeno se pretvarajući u jedno. Na posljetku, sve nestane i okružena si ogromnim prostorom.

Jednako tako, dijete, ti si još uvijek na zemlji i još se nisi ukrcala na let. Moraš uvažiti, usvojiti i prakticirati dobre osobine i odbaciti one loše. Jednom kada dosegneš vrhunac spoznaje, tada ćeš sve iskusiti kao Jedno.

Savjet u jednoj rečenici

Pitalac: Amma, možeš li mi jednom rečenicom savjetovati kako da umirim um?

Amma: Trajno ili privremeno?

Pitalac: Trajno, naravno.

Amma: Nađi svoje Sebstvo [*Atman*].

Pitalac: To je preteško razumjeti.

Amma: U redu, onda voli sve.

Pitalac: Jesu li to dva različita odgovora?

Amma: Ne, jedino su slova različita. Nalaženje Sebstva i voljenje svih je u osnovi isto i međuovisno. (smijući se) Sine, to je već više od jedne rečenice.

Pitalac: Oprosti, Amma. Dosadan sam.

Amma: U redu je; nisi. Želiš li još nešto pitati?

Pitalac: Da, Amma. Razvijaju li se mir, ljubav i prava sreća zajedno s našom *sadhanom* [duhovna praksa]? Ili su one tek krajnji rezultat?

Amma: Oboje. No, samo kada ponovo otkrijete unutarnje Sebstvo, krug će biti potpun i uslijediti će savršeni mir.

Pitalac: Što misliš pod „krugom"?

Amma: Krug vašeg unutarnjeg i vanjskog postojanja, stanje potpunosti.

Pitalac: Ali sveti spisi kažu da je krug već potpun. Ako on već jest takav, zašto ga onda treba upotpuniti?

Amma: Naravno, krug je potpun. Ali većina ljudi to ne razumije. Prema njihovom shvaćanju postoji praznina koju treba ispuniti. Ljudi pokušavaju ispuniti tu prazninu trčeći uokolo kako bi zadovoljili različite potrebe, zahtjeve i želje.

Pitalac: Amma, čuo sam da u stanju najviše spoznaje ne postoji unutarnje i vanjsko postojanje.

Amma: Da, no to je iskustvo samo onih koji su postigli to stanje.

Pitalac: Bi li intelektualno razumijevanje toga stanja pomoglo?

Amma: Pomoglo u čemu?

Pitalac: Da dobijem uvid u to stanje.

Amma: Ne, intelektualno razumijevanje bi samo ugodilo intelektu. Čak bi i to zadovoljstvo bilo privremeno. Mogao bi pomisliti da to razumiješ, ali bi uskoro počeo sumnjati i ponovo se propitkivati. Tvoje razumijevanje se temelji samo na limitiranim riječima i objašnjenjima; ona ti ne mogu dati iskustvo neograničenoga.

Pitalac: Koji je onda najbolji način?

Amma: Marljivo radi dok se ne dogodi predaja.

Pitalac: Što misliš pod tim „marljivo radi"?

Amma: Amma misli da strpljivo radiš *tapas* [stroga disciplina]. Jedino ćeš radeći *tapas* moći ostati u sadašnjosti.

Pitalac: Je li tapas neprekidno sjedenje i dugotrajno meditiranje?

Amma: To je samo dio toga. Pravi tapas je obavljanje svih aktivnosti i razmišljanje na način koji ti pomaže postati jedno s Bogom ili Sebstvom.

Pitalac: Što je to zapravo?

Amma: To znači da svoj život posvetiš cilju spoznaje Boga.

Pitalac: Malo sam zbunjen.

Amma: (smijući se) Ne malo - jako si zbunjen.

Pitalac: U pravu si. Ali zašto?

Amma: Zato što previše misliš o duhovnosti i stanju iznad uma. Prestani misliti i upotrijebi tu energiju kako bi napravio ono što možeš. To će ti donijeti iskustvo – ili barem tračak te stvarnosti.

Potreba za rasporedom

Pitalac: Amma, kažeš da bi se čovjek trebao pridržavati dnevne discipline poput rasporeda koliko god je to moguće. No, Amma, ja imam bebu. Što ako moje dijete zaplače kad meditiram?

Amma: To je vrlo jednostavno. Najprije se pobrini za dijete i nakon toga meditiraj. Ako odabereš meditirati, a nisi se prije toga pobrinula za dijete, tada ćeš jedino meditirati na dijete, a ne na Sebstvo ili Boga.

Pridržavanje rasporeda koristiti će ti naročito u početnim fazama. Pravi bi *sadhak* [duhovni tražitelj] trebao vježbati samokontrolu cijelo vrijeme, dan i noć.

Neki ljudi imaju naviku popiti kavu odmah u jutro nakon ustajanja. Ne popiju li je koji put na vrijeme, osjećati će se vrlo nelagodno. To im može pokvariti i cijeli dan, uzrokujući bol u trbuhu, zatvor ili glavobolju. Na isti način, meditacija, molitva ili ponavljanje mantre, također bi trebali postati sastavni dio sadhakovog života. Propustite li ih, trebali bi vam jako nedostajati. Iz toga bi trebala narasti čežnja da to nikad ne propustite.

Vlastiti trud

Pitalac: Amma, neki kažu da zato što je naša prava priroda Atman, nije potrebno obavljati duhovne prakse. Kažu: „Ja sam To, apsolutna svijest, pa nema svrhe obavljati *sadhanu* [duhovne prakse] kad ja To već jesam?" Misliš li da su ti ljudi vjerodostojni?

Amma: Amma ne želi reći jesu li ti ljudi vjerodostojni ili ne. No, Amma osjeća da se takvi ljudi ili pretvaraju da su takvi ili su totalno zavedeni ili su lijeni. Amma se pita bi li ti ljudi rekli: „Ne moram jesti ili piti zato što nisam ovo tijelo"?

Pretpostavimo da su ti ljudi ušli u blagovaonicu u kojoj su na stolu lijepo aranžirani tanjuri, no na njima se umjesto raskošnih jela nalaze komadi papira na kojima piše „riža", „pareno povrće", „slatki puding" i tako dalje. Hoće li ljudi biti spremni zamisliti da su jeli koliko im je srce željelo i da im je glad potpuno utažena? Snaga drveta je u sjemenu. No, što ako sjeme egoistično osjeti: „Ne želim ući u zemlju. Ja sam drvo. Ne moram ući u tu prljavu zemlju." Da sjeme ima takav stav, jednostavno ne bi proklijalo, ne bi izašlo iz zemlje i ne bi nikada postalo drvo, pravilo sjenu i davalo drugima plodove. Samo zato što sjeme misli da je drvo, ništa neće postići. I dalje će ostati sjeme. Zato, budite sjeme, no imajte želju pasti na tlo i ući u zemlju. Tada će se zemlja brinuti za sjeme.

Milost

Pitalac: Amma, je li milost krajnje odlučujući faktor?

Amma: Milost je faktor koji donosi prave rezultate u pravo vrijeme i u pravim razmjerima, zavisno od vaših akcija.

Pitalac: Iako se netko potpuno posvetio svom poslu, hoće li rezultat ovisiti o količini milosti koju ima?

Amma: Posvećenost je najvažniji aspekt. Što ste posvećeniji, to ste otvoreniji. Što ste otvoreniji, doživljavate više ljubavi. Što imate više ljubavi, doživljavate više milosti.

Milost je otvorenost. To je duhovna snaga i intuitivna vizija koju možete doživjeti tijekom izvođenja nekog djelovanja. Otvorenošću tijekom određene situacije, napuštate svoj ego i uskogrudne poglede. To vaš um preobražava u bolji kanal kroz koji *shakti* [božanska energija] može teći. Taj protok *shakti* i njeno izražavanje kroz vaše akcije je milost.

Netko može biti fantastičan pjevač. Ali tijekom izvedbe na pozornici, mora dozvoliti da kroz njega teče *shakti* muzike. To mu donosi milost i pomaže mu ju prenijeti cijeloj publici.

Pitalac: Gdje se nalazi izvor milosti?

Amma: Pravi izvor milosti je unutra. No, tako dugo dok to ne spoznaš, činiti će se da se nalazi negdje daleko izvan dosega.

Pitalac: Izvan dosega?

Amma: Izvan dosega znači izvor, koji ti je zbog tvog trenutačnog mentalnog stanja nepoznat. Kada pjevač pjeva iz srca, on je u dodiru s božanskim, s onim-izvan-dosega. Odakle dolazi ta dirljiva glazba? Možeš reći da dolazi iz grla ili srca. No, pogledaš li unutra, hoćeš li je vidjeti? Ne, zato što dolazi iz onostranog. Zaista je božansko izvor toga. Jednom kada dođeš do konačne spoznaje, pronaći ćeš taj unutarnji izvor.

Sannyasa: daleko van kategorizacije

Pitalac: Što znači biti pravi *sannyasin*?

Amma: Pravi *sannyasin* je onaj koji je nadrastao sva ograničenja koja je stvorio um. Trenutačno vas um hipnotizira. Kao *sannyasin* postajete potpuno slobodni od zahvata te hipnoze. Probudit ćete se kao iz sna, poput pijanca koji se otrežnjava.

Pitalac: Je li *sannyasa* također postizanje Božanskog?

Amma: Amma bi radije ovako rekla: *sannyasa* je stanje u kojem čovjek može promatrati i obožavati cijelu kreaciju kao Boga.

Pitalac: Je li poniznost znak pravog *sannyasina*?

Amma: Prave *sannyasine* se ne može kategorizirati. Oni nadilaze kategorizaciju. Kada kažeš za neku osobu da je vrlo jednostavna i ponizna, i dalje je to „netko" tko se osjeća jednostavno i ponizno. U stanju *sannyase* taj „netko", a to je ego, nestaje. Normalno, poniznost je suprotnost aroganciji. Ljubav je suprotnost mržnji. Dok pravi *sannyasin* nije ni ponizan ni arogantan – on niti je ljubav niti mržnja. Onaj koji je postigao *sannyasu* je daleko iznad svega. On više nema što dobiti ili izgubiti. Kada za pravog *sannyasina* kažemo da je „skroman", to ne znači samo odsutnost arogancije, nego također znači i odsutnost ega. Netko je upitao Mahatmu: „Tko si ti?"

„Ja nisam", uzvratio je.

„Jesi li ti Bog?"

„Ne, nisam."

„Jesi li svetac ili mudrac?"

„Ne, nisam."

„Jesi li ateist?"

„Ne, nisam."

„Onda, tko si ti?"

„Ja jesam koji jesam. Ja sam čista svjesnost."

Sannyasa je stanje čiste svjesnosti.

Božanska igra u zraku

Prizor prvi: Avion Air Indije za Dubai upravo je uzletio. Posada se priprema za prvo posluživanje bezalkoholnih pića. Odjednom su, jedan za drugim, svi putnici ustali sa svojih sjedala i krenuli prema odjeljku poslovnog razreda. Ne razumijevajući što se događa, začuđena posada traži da se svi vrate na svoja mjesta. Kako se nitko ne obazire na njihove zahtjeve, posada moli za suradnju dok ne završe s posluživanjem.

"Želimo dobiti Ammin darshan!", viču putnici.

"Razumijemo", odgovara posada. "Samo se strpite dok ne završimo s posluživanjem."

Putnici na kraju popuštaju zahtjevu posade i vraćaju se na svoja mjesta.

Prizor drugi: Posluživanje je završeno. Stjuardese i stjuardi privremeno postaju promatrači reda za darshan i kontroliraju ga te on polagano kreće prema Amminom sjedalu. Zbog nedostatka vremena, nema rednih brojeva za darshan. Bez obzira na to, posada dobro obavlja taj posao.

Prizor treći: Dobivši Ammin darshan, putnici izgledaju vrlo sretno i opušteno. Sjedaju na svoja mjesta. Sada se cijela posada, uključujući pilota i kopilota, pridružila redu za darshan. Svaki od njih dobiva majčinski zagrljaj. Uz to, dobivaju Ammin šapat ljubavi i milosti, nezaboravan blistav osmijeh i slatkiš - *prasad* [blagoslovljen poklon] od Amme.

Prizor četvrti: Isto se događa na povratku.

Simpatija i suosjećanje

Pitalac: Amma, što je istinsko suosjećanje?

Amma: Istinsko suosjećanje je sposobnost viđenja i poznavanja onog što je nevidljivo, daleko iznad. Samo oni koji imaju tu sposobnost mogu ponuditi pravu pomoć i uzdići druge.

Pitalac: Daleko iznad čega?

Amma: Ono što je nevidljivo, daleko iznad tijela i uma, daleko iznad vanjske pojavnosti.

Pitalac: Stoga, Amma, koja je razlika između simpatije i suosjećanja?

Amma: Suosjećanje je istinska pomoć koju dobivate od Istinskog Učitelja. Učitelj vidi nevidljivo. Simpatija je privremena pomoć koju dobivate od ljudi koji vas okružuju. Simpatija ne dopire ispod površine i ne dotiče suštinu. Suosjećanje je pravo razumijevanje s dubljim poznavanjem osobe, situacije i onoga što ona zaista treba. Simpatija je mnogo površnija.

Pitalac: Kako ih razlikovati?

Amma: Teško. No, Amma će ti dati primjer. Kirurzi nerijetko nalažu svojim pacijentima da ustanu i hodaju drugi ili treći dan, čak i poslije teških operacija. Ako se pacijent tome opire, dobar će doktor, koji zna posljedice, uvijek primorati pacijenta da izađe iz kreveta i hoda. Vidjevši bol i borbu pacijenta, njegovi rođaci bi mogli komentirati: „Kakav okrutan doktor! Zašto ga primorava hodati kada on to ne želi? Pretjerava!" U ovom primjeru, za ponašanje rođaka se može reći da se radi o simpatiji, a za ponašanje doktora, o suosjećanju.

U ovom slučaju, tko stvarno pomaže pacijentu – doktor ili rođaci? Ako pacijent misli: „Ovaj doktor nije dobar. Tko je on da takvo što nalaže? Što on zna o meni? Neka on samo govori, neću ga slušati.", takav stav neće mu nikako pomoći.

Pitalac: Može li simpatija naškoditi osobi?

Amma: Niste li pažljivi i nudite li svoju simpatiju bez razumijevanja finijih aspekata određene situacije i mentalnog sklopa neke osobe, ona joj može naštetiti. Opasno je kada ljudi daju previše važnosti simpatičnim riječima. To čak može postati opsesija i postupno narušiti sposobnost razlučivanja kod tih osoba, stvarajući tako malu čahuru izdvojenosti od stvarnog svijeta. Oni se mogu osjećati utješeno, no nikada neće uložiti nikakav napor da izađu iz svoje situacije. Bez da su toga svjesni, mogu tonuti sve dublje i dublje u mrak.

Pitalac: Amma, što misliš pod „čahura izdvojenosti"?

Amma: Amma misli da ćete izgubiti svoju sposobnost dubljeg promatranja sebe kojom bi vidjeli što se zaista događa. Pridavati ćete previše važnosti riječima drugih i slijepo ćete im vjerovati bez korištenja ispravnog razlučivanja.

Simpatija je površna ljubav bez ikakvog poznavanja uzroka problema, dok je suosjećanje ljubav koja vidi pravi izvor problema i odnosi se prema tome na odgovarajući način.

Prava ljubav je stanje potpune neustrašivosti

Pitalac: Amma, što je prava ljubav?

Amma: Prava ljubav je stanje potpune neustrašivosti. Strah je sastavni dio uma. Zato strah i iskrena ljubav ne idu zajedno. Kako se ljubav produbljuje, intenzitet straha polako slabi.

Strah može postojati samo kada ste poistovjećeni s tijelom i umom. Nadilaženje slabosti uma i život u ljubavi, je božanskost. Što više ljubavi imate, to je više božanskog u vama. Što manje ljubavi imate, to se više bojite i sve se više udaljavate od središta života. Neustrašivost je zaista jedna od najvećih kvaliteta prave ljubavi.

Činjenje i nečinjenje

Pitalac: Amma, u duhovnom životu je važno njegovati čistoću i ostale moralne vrijednosti. No, postoje New Age učitelji koji kažu da je to nepotrebno. Amma, što Ti misliš o tome?

Amma: Velika je istina da moralne vrijednosti igraju značajnu ulogu u duhovnom životu. Na svakom putu, bio on duhovan ili materijalan, postoje određene stvari koje se smiju i koje se ne smiju činiti. Ukoliko se određeni uvjeti ne slijede, željeni rezultati će se teško postići. Što je suptilniji krajnji cilj, to će put do njega biti intenzivniji. Duhovna spoznaja je najsuptilnije od svih iskustava, zato su pravila i propisi koje ono zahtijeva, stroga.

Pacijent ne može jesti i piti što god želi. Zavisno od bolesti, postoje i zabrane u prehrani i pokretima. Ako se ne poštuju, utječu na proces ozdravljenja. Stanje čak može postati i gore ako se pacijent ne pridržava uputa. Je li mudro ako pacijent pita: „Moram li se zaista pridržavati ovih pravila i propisa?"

Postoje muzičari koji vježbaju 18 sati dnevno kako bi postigli savršenstvo u sviranju svojih instrumenata. Koje god da je područje vašeg interesa – bila to duhovnost, znanost, politika, sport ili umjetnost – vaš uspjeh i napredovanje će isključivo ovisiti o načinu kako tome pristupate, vremenu koje iskreno provodite u postizanju svojih ciljeva i koliko slijedite osnovne potrebne principe.

Pitalac: Stoga, je li čistoća najvažnija kvaliteta u postizanju cilja?

Amma: To može biti čistoća. Može biti ljubav, suosjećanje, opraštanje, strpljivost ili ustrajnost. Samo odaberite jednu kvalitetu i promatrajte je s najvećom vjerom i optimizmom; ostale kvalitete će automatski uslijediti. Svrha je otići daleko izvan granica uma.

Amma, dar svijetu

Pitalac: Amma, što očekuješ od svojih učenika?

Amma: Amma ne očekuje ništa ni od koga. Amma je darovala Sebe svijetu. Kada se jednom darujete, kako možete očekivati išta od ikoga? Sva očekivanja proizlaze iz ega.

Pitalac: Ali, Amma, puno govoriš o predanosti Guruu. Nije li to očekivanje?

Amma: Istina, Amma govori o tome, ne zato što Ona očekuje predanost od Svoje djece, nego zato što je to srž duhovnog života. Guru nudi učeniku sve što on ili ona ima. Kako je *Satguru* [Istinski Učitelj] potpuno predana duša, to je ono što Njegova ili Njena prisutnost nudi i čemu podučava učenike. To nastaje spontano. Ovisno o zrelosti i razumijevanju učenika, oni to prihvaćaju ili odbijaju. Kakav god bio učenikov stav, Satguru će nastaviti davati. On ili Ona ne mogu činiti drugačije.

Pitalac: Što se događa kada se učenik predaje Satguruu?

Amma: Baš kao što se svjetiljka pali pomoću glavne svjetiljke, tako će i učenik postati svjetlo koje vodi svijet. Učenik također postaje Učitelj.

Pitalac: Što najviše pomaže u tom procesu: Učiteljeva forma ili Njegov ili Njen bezobličan aspekt?

Amma: Oboje. Bezoblična svjesnost inspirira učenika kroz formu Satgurua, kao čista ljubav, suosjećanje ili predanost.

Pitalac: Predaje li se učenik Učiteljevoj formi ili bezobličnoj svjesnosti?

Amma: Počinje kao predaja fizičkoj formi. No, završava kao predaja bezobličnoj svjesnosti, kada učenik spozna vlastito istinsko Sebstvo. Čak i u početnoj fazi *sadhane* [duhovne prakse], kada se učenik preda formi Učitelja, u stvarnosti se on ili ona predaju bezobličnoj svjesnosti, samo što toga učenik nije svjestan.

Pitalac: Zašto?

Amma: Zato što učenici jedino poznaju tijelo; svjesnost im je potpuno nepoznata.

Pravi će učenik nastaviti štovati formu Gurua kao izraz zahvalnosti što ga On ili Ona obasipa milošću i pokazuje mu put.

Satguruova fizička prisutnost

Pitalac: Možeš li na jednostavan način objasniti prirodu *Satguruove* [Istinski Učitelj] fizičke prisutnosti?

Amma: Satguru je oboje, sa i bez fizičke prisutnosti, kao čokolada. U trenutku kada je staviš u usta, ona se otopi i postane bezoblična; postane dio tebe. Isto tako, kada iskreno upijaš Učiteljeva učenja i svakodnevno ih primjenjuješ u životu, spoznat ćeš da je Učitelj bezoblična najviša svjesnost.

Pitalac: Znači, trebali bismo pojesti Ammu?

Amma: Da, jedite Ammu ako možete. Ona će s veseljem postati hrana vašoj duši.

Pitalac: Amma, hvala Ti za primjer s čokoladom. To mi je olakšalo razumijevanje jer volim čokoladu.

Amma: (smijući se) Ali nemoj se zaljubiti u čokoladu, jer bi to moglo biti loše za tvoje zdravlje.

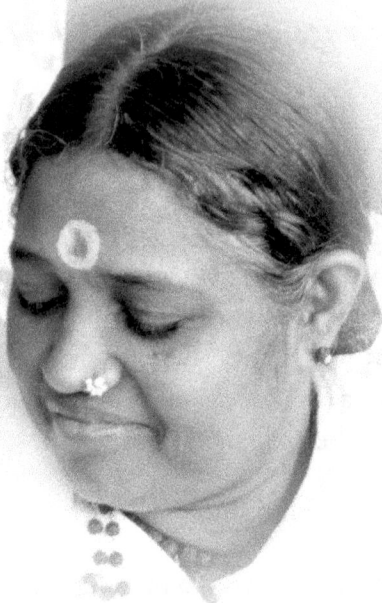

Savršeni učenici

Pitalac: Što netko dobiva postajući savršenim učenikom?

Amma: Postaje Savršeni Učitelj.

Pitalac: Kako bi opisala Sebe?

Amma: Svakako ne kao nešto.

Pitalac: Nego?

Amma: Kao ništa.

Pitalac: Znači li to kao sveukupnost?

Amma: To znači da je Ona uvijek prisutna i dostupna svima.

Pitalac: Odnosi li se ovo "svima" na sve one koji dođu k Tebi?

Amma: „Svima", znači, onima koji su otvoreni.

Pitalac: Znači li to da Amma nije dostupna onima koji nisu otvoreni?

Amma: Ammina fizička prisutnost je dostupna svakome, bez obzira prihvaća li netko Ammu ili ne. Ali iskustvo je dostupno jedino onima koji su otvoreni. Cvijet je ondje, ali ljepotu i ugodan miris osjetiti će samo oni koji su otvoreni. Osoba sa zatvorenim nosnicama neće to iskusiti. Na sličan način, zatvorena srca ne mogu iskusiti ono što Amma nudi.

Vedanta i kreacija

Pitalac: Amma, postoje neke zbunjujuće teorije o kreaciji. Oni koji slijede put predanosti kažu da je Bog stvorio svijet, dok su Vedantisti [ne-dualisti] mišljenja da je sve kreacija uma i da kreacija postoji tako dugo dok postoji um. Koji je od tih pogleda točan?

Amma: Oba su točna. Dok poklonik vidi Najvišeg Gospodara kao kreatora svijeta, Vedantist vidi Brahmana kao temeljni princip koji služi kao osnova promjenljivog svijeta. Za Vedantistu, svijet je projekcija uma; dok je za poklonika to leela [igra] njegovog Ljubljenog Boga. Ti se pogledi mogu činiti posve različiti, ali pogledaš li dublje, vidjeti ćeš da su u osnovi isti.

Ime i oblik su povezani s umom. Kada um prestane postojati, ime i oblik također nestanu. Svijet ili kreacija sastoji se od imena i oblika. Bog ili Kreator je bitan jedino kada postoji kreacija. Čak i Bog ima ime i oblik. Da bi svijet imena i oblika mogao postojati, potreban je odgovarajući uzrok – a taj uzrok nazivamo Bog.

Istinska Vedanta je najveći izraz znanja. Amma ne govori o Vedanti u obliku svetih tekstova ili o Vedanti o kojoj govore Vedantisti. Amma govori o Vedanti kao o vrhovnom iskustvu, kao o načinu života, kao o staloženosti uma u svim životnim situacijama.

No, to nije lako. Ukoliko se ne dogodi transformacija, ovo se iskustvo neće dogoditi. To je ta revolucionarna promjena na intelektualnom i emocionalnom nivou koja um čini suptilnim, prostranim i snažnim. Što um postaje suptilniji i prostraniji, više postaje „ne-um". Um postepeno nestaje. Kada um ne postoji, gdje je Bog i gdje je svijet ili kreacija? Unatoč tome, to ne znači da će svijet nestati iz vašeg vidokruga, nego da će se dogoditi transformacija i da ćete vidjeti Jedno u mnogima.

Pitalac: Znači li to da je u tom stanju Bog također iluzija?

Amma: Da, s krajnje točke gledišta, Bog koji ima oblik je iluzija. No, to ovisi o dubini vašeg unutarnjeg iskustva. Međutim, stav takozvanih Vedantista koji egoistično osjećaju da su čak i oblici Bogova i Boginja beznačajni, je netočan. Zapamtite, ego nikada neće pomoći na tom putu. Jedino će vam poniznost pomoći.

Pitalac: Taj dio razumijem. Ali Amma, također si spomenula da je, s krajnje točke gledišta, Bog koji ima oblik, iluzija. Pa, znači li to da su različiti oblici Bogova i Božica samo projekcije uma.

Amma: U konačnici jesu. Ono što će nestati, nije stvarno. Svi oblici, čak i oni Bogova i Božica, imaju početak i kraj. Ono što se rađa i umire je mentalno; povezano je s misaonim procesom. Sve što je povezano s umom podložno je promjeni zato što postoji u vremenu. Jedina nepromjenljiva istina je ona koja uvijek ostaje, osnova uma i intelekta. To je Atman [Sebstvo], krajnje stanje postojanja.

Pitalac: Ako su čak i oblici Bogova i Božica nestvarni, koja je svrha gradnje svetišta te njihovog štovanja?

Amma: Ne, ne razumiješ bit. Ne možeš odbaciti Bogove i Božice samo tako. Za ljude koji su još uvijek poistovjećeni s umom i koji još nisu postigli najviše stanje, ti oblici su svakako stvarni i neophodni za duhovni rast. Oni im nevjerojatno pomažu.

Vlada u zemlji se sastoji od nekoliko oblasti i odjela. Od predsjednika ili premijera naniže postoji više ministarstava te se ispod njih nalazi mnogo drugih dužnosnika i raznih drugih odjela, sve do operatera i čistača.

Pretpostavimo da želiš nešto obaviti. Ići ćeš direktno predsjedniku ili premijeru, ako ih poznaješ ili ako si bio u kontaktu s njima. Zbog toga će ti obavljanje tog tvog posla biti mnogo lakše i jednostavnije. O tvojim potrebama, kakve god one bile, odmah će se povesti briga. No, većina ljudi nema direktni kontakt ili utjecaj. Da bi riješili stvari ili došli do najviših autoriteta, oni se moraju pridržavati normalnog tijeka – kontaktirati nekog mlađeg službenika ili niži odjel, ponekad čak pomoćnika. Na isti način, tako dugo dok ste na fizičkom planu postojanja te poistovjećeni s umom i njegovim misaonim obrascima, morate prihvatiti i prepoznati različite forme božanskog, sve dok ne uspostavite direktnu vezu s unutarnjim izvorom čiste energije.

Pitalac: Ali Vedantisti se obično ne slažu s ovim pogledom.

Amma: O kojim Vedantistima govoriš? Vedantist koji stalno gleda u knjige i ponavlja svete spise kao trenirana papiga ili magnetofon, neće se složiti, no pravi Vedantist sigurno hoće. Vedantist koji ne prihvaća svijet i put predanosti, nije pravi Vedantist. Prihvaćanje svijeta i prepoznavanje mnoštva uz istovremeno viđenje samo jedne Istine u mnoštvu, prava je Vedanta.

Vedantist koji smatra da je put ljubavi manje vrijedan, nije Vedantist niti pravi duhovni tražitelj. Pravi Vedantisti ne mogu bez ljubavi obavljati duhovne prakse.

Oblik će te odvesti do bezobličnog ako svoju duhovnu praksu obavljaš s ispravnim stavom. Saguna [oblik] je manifestirana nirguna [bezoblično]. Ako netko ne razumije taj jednostavan princip, kakva je svrha zvati ga Vedantistom?

Pitalac: Amma, rekla si da poklonik vidi svijet kao Božju leelu. Što znači leela?

Amma: To je definicija u jednoj riječi za najvišu nevezanost. Krajnje stanje *sakshi* [svjedočenja] bez egzistiranja ijednog oblika autoriteta, znano je kao *leela*. Kada ostanete potpuno odvojeni od uma i njegovih različitih projekcija, kako možete osjećati ikakvu vezanost ili osjećati ikakav autoritet? Promatranje, bez uplitanja, svega što se događa iznutra i izvana je prava zabava, prekrasna igra.

Pitalac: Čuli smo da je razlog zbog kojeg je Amma prestala manifestirati Krishna Bhavu[2] [Bhava = Božansko raspoloženje i ponašanje] taj što si u to vrijeme bila u tom stanju *leele*?

---

[2] Prvotno je Amma manifestirala oboje, Krishna i Devi Bhavu ali je 1983. prekinula manifestiranje Krishna Bhave.

Amma: To je bio jedan od razloga. Krishna je bio nevezan. On je aktivno sudjelovao u svemu, no ostajao je potpuno nevezan, iznutra se distancirao od svega oko njega. To je značenje Krishninog dobroćudnog osmjeha koji je uvijek imao na svojem prekrasnom licu.

Tijekom Krishna Bhave, iako je Amma slušala probleme svojih poklonika, ujedno se prema njima odnosila s određenom zaigranošću i nevezanošću. U tom stanju nije postojala niti ljubav niti ne-ljubav niti suosjećanje niti ne-suosjećanje. Majčinska naklonost i vezanost, koje su neophodne za uvažavanje poklonikovih osjećaja i za izražavanje duboke brige, nisu se tokom tog stanja mogle dovoljno izraziti. To stanje je nadilazilo poznato stanje. Amma je mislila da to poklonicima neće mnogo pomoći. Tako je odlučila voljeti i služiti Svojoj djeci kao majka.

„Jesi li sretan?"

Pitalac: Amma, čuo sam da ljude koji dolaze na darshan pitaš: „Sretan?" Zašto ih to pitaš?

Amma: To je poput poziva da budu sretni. Ako si sretan, onda si otvoren i tada Božja ljubav ili *shakti* [božanska energija] može teći u tebe. Stoga, Amma zapravo govori da osoba bude sretna kako bi božanska Shakti mogla ući u nju. Kada si sretan, kada si otvoren i prijemčiv, bit će ti dostupno sve više i više sreće. Kada si nesretan, onda si zatvoren i gubiš sve. Onaj tko je otvoren je sretan. To će privući Boga u tebe. Jedino kada je Bog u tebi, možeš biti sretan.

Sjajan primjer

Na dan kad smo stigli u Santa Fe rominjala je kiša. "To se uvijek događa u Santa Feu. Nakon duge suše, pada kiša kada Amma dolazi", rekao je Ammin domaćin u Amminom centru u Novom Meksiku.

Počeo se spuštati mrak kada smo stigli u domaćinovu kuću. Amma je polagano izlazila iz automobila. Čim je izašla, domaćin joj je ponudio Njene sandale. Tada je krenuo prema prednjem dijelu automobila, nadajući se da će voditi Ammu do kuće.

Amma je napravila nekoliko koraka prema prednjem dijelu automobila, zatim se odjednom okrenula i rekla: "Ne, Amma ne voli zaobilaziti automobil s njegove prednje strane. To je lice automobila. To je uvredljivo činiti. Amma to nerado čini." Rekavši to, Amma je zaobišla automobil s njegovog stražnjeg dijela, a zatim krenula prema kući. To nije bio jedini put da se Amma ponašala na ovakav način. Kad god Amma izađe iz automobila, ona postupi na isti način.

Nema sjajnijeg primjera koji pokazuje kako Ammino srce obuhvaća sve, čak i nežive stvari.

Odnosi

Jedan je čovjek tijekom darshana okrenuo glavu prema meni i rekao: „Molim te pitaj Ammu mogu li prestati hodati sa svojom djevojkom i krenuti u ljubavne avanture?"

Amma: (smijući se) Što se dogodilo, je li ti djevojka pobjegla s nekim?

Pitalac: (poprilično iznenađen) Kako si znala?

Amma: Jednostavno – to je jedna od okolnosti u životu zbog koje čovjek tako razmišlja.

Pitalac: Amma, ljubomoran sam na svoju djevojku jer je nastavila prijateljstvo sa svojim bivšim dečkom.

Amma: Je li to razlog zašto bi želio prekinuti s njom i ući u druge veze?

Pitalac: Dosta mi je i frustriran sam sa sličnim situacijama u životu. Što je previše je previše. Sada bih želio malo mira i usmjeriti se na svoje duhovne prakse.

Amma nije dalje ništa pitala. Nastavila je davati darshan. Nakon nekog vremena čovjek me je pitao: „Pitam se ima li Amma kakav savjet za mene?"

Amma je to čula.

Amma: Sine, čini mi se da si već odlučio što ćeš napraviti. Nisi li rekao da ti je dosta takvih stvari? Od sada želiš mirno živjeti i usmjeriti se na svoje duhovne prakse, zar ne? To zvuči kao ispravna odluka. Zato, samo naprijed i učini to.

Čovjek je šutio neko vrijeme, no činio se nemiran. U određenom trenutku Amma ga je pogledala. Vidio sam da kroz taj pogled i osmijeh, Veliki Učitelj u Ammi kovitla legendarni štap u Svojim rukama, kojim će uzburkati, dobro promiješati nešto i iznijeti to na površinu.

Pitalac: To znači da mi Amma nema ništa za reći, nije li tako?

Odjednom je jadnik počeo plakati.

Amma: (brišući njegove suze) Hajde, sine, reci što te zaista muči? Slobodno reci Ammi.

Pitalac: Amma, prošle sam je godine sreo na jednom od Amminih programa. Kada smo se pogledali u oči, znali smo da smo suđeni jedno drugom. Tako je sve počelo. A sada je najednom taj njen bivši dečko stao između nas. Ona kaže da su samo prijatelji, ali postoje situacije u kojima jako sumnjam u to.

Amma: Zašto tako osjećaš, kada ti ona kaže da je drugačije?

Pitalac: Evo jedne situacije: sada smo obojica, ja *i* njen bivši dečko, ovdje na Amminom programu. Ona više vremena provodi s njim nego sa mnom. Zato sam vrlo uznemiren. Ne znam što da radim. Depresivan sam. Teško mi je ostati usmjeren na Ammu, zbog čega sam i došao ovamo. Moje meditacije nisu istog intenziteta, a niti ne spavam dobro.

Amma: (šaleći se) Znaš li što? On je možda hvali, govoreći joj: „Gle, draga, ti si najljepša žena na svijetu. Nakon susreta s tobom ne mogu ni pomisliti na neku drugu." On joj možda iskazuje više ljubavi, pušta ju da puno govori, šuti čak i kada se osjeća isprovociran. I povrh svega, možda joj kupuje više čokolade! Za razliku od toga kako doživljava njega, tebe doživljava kao nekog nasilnika koji stalno upire prstom u nju i svađa se s njom.

Čuvši to, čovjek i ostali poklonici koji su sjedili oko Amme, od srca su se nasmijali. Bez obzira na to, čovjek je bio iskren i priznao Ammi da se on i ponašao onako kako je Amma opisala.

Amma: (tapšući ga po leđima) Osjećaš li veliki bijes i mržnju prema njoj?

Pitalac: Da, osjećam. Prema njemu osjećam više bijesa. Moj um je tako uzrujan!

Amma je osjetila toplinu njegova dlana. Bio je jako vruć.

Amma: Gdje je ona sada?

Pitalac: Negdje uokolo.

Amma: (na engleskom) Idi, pričaj s njom.

Pitalac: Sada?

Amma: (na engleskom) Da, sada.

Pitalac: Ne znam gdje je točno.

Amma: (na engleskom) Pronađi je.

Pitalac: Da, ići ću. Ali moram prvo njega pronaći, jer je ona s njim. Bez obzira, Amma, reci mi trebam li nastaviti ili prekinuti taj odnos? Misliš li da bismo ga mogli obnoviti?

Amma: Sine, Amma zna da si još uvijek vezan za nju. Najvažnije je da si priznaš da osjećaji koje ti zoveš ljubav, nisu ljubav, nego vezanost. Samo će ti to pomoći da izađeš iz uznemirenog mentalnog stanja u kojem se sada nalaziš.

Amma će ti ispričati priču. Jedan je visoki službenik jednom posjetio duševnu bolnicu. Doktor ga je poveo u obilazak. U jednoj je prostoriji vidio pacijenta koji je ponavljao: "Pumpum... Pumpum...Pumpum....", njišući se naprijed i natrag na stolici. Visoki službenik htio je znati uzrok njegove bolesti i pitao doktora postoji li ikakva povezanost imena koje je ponavljao i bolesti.

Doktor je odgovorio: „Tužna je to priča. Pumpum je bila njegova djevojka koju je volio. Ona ga je ostavila i pobjegla s drugim. Nakon toga je poludio."

„Jadan čovjek", rekao je viši službenik i krenuo dalje. Međutim, iznenadio se kada je vidio drugog pacijenta koji je bio u slijedećoj sobi i ponavljao: "Pumpum... Pumpum... Pumpum..." te je pritom udarao glavom o zid. Smeteni viši službenik okrenuo se doktoru i pitao: "Što je ovo? Kako to da i ovaj pacijent ponavlja isto ime? Postoji li ovdje kakva povezanost?"

"Da, gospodine" odgovorio je doktor. "Ovaj je čovjek na kraju oženio Pumpum."

Čovjek je prasnuo u smijeh.

Amma: Gledaj, sine, ljubav je poput cvjetanja cvijeta. Cvijet ne možeš na silu otvoriti. Ako ga na silu otvoriš, uništiti ćeš svu njegovu ljepotu i miris i time nećeš ništa dobiti ni ti ni itko drugi. U suprotnom, ako ga pustiš da se sam prirodno otvori, tada ćeš iskusiti slatkoću mirisa i raznobojnost latica. Zato budi strpljiv i promatraj se. Budi poput ogledala i pokušaj vidjeti što radiš pogrešno.

Pitalac: Mislim da će moja ljubomora i ljutnja proći jedino ako se oženim Bogom.

Amma: Da, kao što si rekao, budi Božja nevjesta. Jedino će ti jedinstvo s duhovnom istinom omogućiti da postigneš stanje koje nadilazi poznata stanja i nađeš istinski mir i radost.

Pitalac: Hoćeš li mi pomoći u tom procesu?

Amma: Ammina pomoć je uvijek ovdje. Ti je samo trebaš vidjeti i primiti.

Pitalac: Puno ti hvala, Amma. Već si mi pomogla.

Što Istinski Učitelj čini?

Pitalac: Amma, kako *Satguru* [Istinski Učitelj] utječe na učenika?

Amma: Satguru pomaže učeniku uvidjeti njegove slabosti.

Pitalac: Kako to učeniku pomaže?

Amma: Zaista uvidjeti svoje slabosti, znači spoznati ih i prihvatiti. Jednom kada učenik prihvati svoje slabosti, lakše će ih nadjačati.

Pitalac: Amma, kada kažeš „slabosti", odnosi li se to na ego?

Amma: Ljutnja je slabost; ljubomora je slabost; mržnja, sebičnost i strah su slabosti. Da, ego je uzrok svih tih slabosti. Um sa svim svojim ograničenjima i slabostima znan je kao ego.

Pitalac: Dakle, kažeš da je Satguruov posao raditi na učenikovom egu.

Amma: Satgurov posao je pomoći učeniku shvatiti beznačajnost ovog sitnog fenomena zvanog ego. Ego je poput plamena koji gori iz ulja u malenoj zemljanoj lampi.

Pitalac: Zašto je važno znati da je ego beznačajan?

Amma: Zato što ne postoji ništa novoga ili vrijednoga pažnje vezano uz ego. Kada je čovjeku dostupan sunčev sjaj, zašto se brine oko tog malog plamena koji se može svakog trena ugasiti.

Pitalac: Amma, hoćeš li to malo objasniti?

Amma: Ti si cjelina, božansko. U usporedbi s time, ego nije ništa drugo do plamičak. Dakle, s jedne strane, Satguru uklanja ego. Ali, s druge strane, On ili Ona ti daruje cjelinu. Satguru te podiže od prosjaka do statusa vladara, Vladara Univerzuma. Od običnog primatelja, Satguru te pretvara u davatelja, davatelja svega onima koji ti pristupe.

Postupci Velike Duše

Pitalac: Je li istina da sve ono što Velika Duša čini, ima značenje?

Amma: Bolje je reći da sve što samospoznata duša čini ima božansku poruku, poruku koja izražava dublje principe života. Čak i naizgled besmislene stvari koje ona čini, imat će takvu poruku.

Jednom je postojao svetac čiji je jedini posao bio kotrljanje velikog kamena do vrha planine. To je bio jedini posao koji je radio do svoje smrti. Nikada mu to nije bilo dosadno niti se žalio.

Ljudi su mislili da je lud, ali nije bio. Ponekad je trebao nekoliko sati ili čak dana da vlastoručno otkotrlja kamen do vrha planine. I kad je došao do vrha, tada je kamen pustio da se otkotrlja dolje. Gledajući kako se kamen kotrlja od vrha planine do podnožja, svetac je pljeskao i smijao se poput malog djeteta.

Za napredak na bilo kojem polju potrebno je mnogo hrabrosti i energije, ali jedva da je potreban trenutak da se uništi sve što smo stekli teškim radom. To je velika istina koja se osobito odnosi na vrline. Ova Velika Duša također nije bila vezana za svoj iskreni napor koji je uložila u kotrljanje kamena do vrha. Zato se mogla smijati kao dijete - smijehom najviše nevezanosti. Zasigurno je tim poukama željela svakog poučiti.

Ljudi mogu tumačiti i osuđivati postupke Velike Duše. Oni to rade samo zato što su njihovi umovi lišeni suptilnosti koja je potrebna da se prodre ispod površine. Ljudi imaju očekivanja, ali istinski Velika Duša ne može ispuniti ničija očekivanja.

Ammini zagrljaji probuđuju

Pitalac: Da Ti netko kaže da i on može raditi isto što i Ti – grliti ljude – što bi odgovorila?

Amma: To bi bilo prekrasno. Svijet treba više suosjećajnih srdaca. Amma bi bila sretna da još jedna osoba smatra svojom *dharmom* [dužnošću] služenje ljudima, grleći ih istinskom ljubavlju i suosjećanjem – zato što jedna Amma ne može fizički zagrliti sve ljude. No, istinska majka se nikada ne bi žalila na žrtvu koju čini za svoju djecu.

Pitalac: Amma, što se događa kad grliš ljude?

Amma: Kada Amma grli ljude, ne odvija se samo fizički kontakt. Ljubav koju Amma osjeća za cijelu kreaciju teče prema svakoj osobi koja joj dođe. Ta čista vibracija ljubavi pročišćuje ljude i pomaže im u njihovom unutarnjem buđenju i duhovnom napretku.

Oboje, muškarci i žene današnjice, trebaju probuditi majčinske kvalitete. Ammini zagrljaji pomažu ljudima da postanu svjesni te univerzalne potrebe.

Ljubav je jedini jezik kojeg može razumjeti svako živo biće. Univerzalan je. Ljubav, mir, meditacija i *moksha* [oslobođenje] su univerzalni.

Kako svijet pretvoriti u Boga?

Pitalac: Kao obiteljski čovjek imam mnogo odgovornosti i obaveza. Kakvo bi moje stajalište trebalo biti?

Amma: Bez obzira, bio obiteljski čovjek ili svećenik, najvažnije je kako gledaš i razmišljaš o životu i iskustvima koja ti donosi. Ako je tvoj stav pozitivan i prihvaćajući, onda živiš s Bogom, čak i dok si u svijetu. Tada svijet postaje Bog i ti svaki tren doživljavaš Božju prisutnost. No, negativan stav će donijeti upravo suprotni rezultat – tada odabireš živjeti s vragom. Iskreni *sadhak* [duhovni aspirant] poznaje svoj um i njegove niže sklonosti te on stalno treba biti usmjeren na njihovo nadilaženje.

Jednom su pitali Veliku Dušu: „Sveče, jesi li siguran da ćeš otići u raj kad umreš?

Velika Duša je odgovorila: „Da, naravno."

„Ali kako to znaš? Nisi još mrtav, a ne znaš ni što je u Božjem umu."

"Slušajte, točno je da nemam ideju što je u Božjem umu, ali znam što je u mojem. Uvijek sam sretan gdje god da jesam. Zato, i da sam u paklu, bio bih sretan i miran", odgovorio je Mahatma.

Ta sreća i mir su bez sumnje raj. Sve ovisi o vašem umu.

Snaga Amminih riječi

O vakvo sam iskustvo imao ne jednom, već stotinu puta. Pretpostavimo da me netko nešto pita ili mi ispriča neki ozbiljan problem. Pokušavam odgovoriti na pitanje i riješiti problem na vrlo jasan i logičan način.

Izražavajući iskrenu zahvalnost i uvažavanje, osobe odlaze i izgledaju sretno zbog mog rješenja, a ja ih gledam s dozom samoponosa. Međutim, ubrzo vidim istu osobu kako ide drugom swamiju postaviti isto pitanje - jasna naznaka da nisu bili zadovoljni s mojim savjetom. Međutim, osoba i dalje pati.

Naposljetku, odlaze k Ammi. Amma odgovara na pitanje na sličan način. Riječi su, a ponekad i primjeri, isti. Ali se u osobi dogodi iznenadna promjena. Sjena sumnje, straha i žalosti u potpunosti nestane i lice osobe zablista.

Uvijek pomislim: „U čemu je razlika? Amma ne kaže ništa novo. Ali je utjecaj nevjerojatan."

Uzmimo, na primjer, slijedeći događaj: Kada je Amma posluživala ručak tijekom *retreata,* pristupila mi je jedna indijska liječnica koja je živjela u Sjedinjenim Državama proteklih 25 godina i rekla mi: „Ovo je moj prvi susret s Ammom. Rado bi razgovarala s vama ili drugim swamijem."

Gospođa mi je tada ispričala vrlo dirljivu priču. Nekoliko godina ranije, njen muž je išao na hodočašće na planinu Kailash na Himalaji. Tamo je pretrpio srčani udar i na mjestu umro. Gospođa je još uvijek bila u boli i tuzi. Rekla je: „Ljuta sam na Boga. Bog je nemilosrdan." Slušao sam njenu priču s puno suosjećanja.

Razgovarao sam s njom i pokušao joj pokazati duhovni aspekt smrti te sam joj o tome dao nekoliko Amminih primjera.

Pri završetku mog savjetovanja rekao sam joj da je zapravo njen muž bio vrlo sretan što je njegov posljednji dah bio na svetom boravištu Gospoda Shive.

Na kraju, gospođa je pri odlasku rekla: „Puno vam hvala. Međutim, i dalje osjećam veliku bol."

Sljedećeg jutra je gospođa išla na *darshan.* Prije nego li sam išta od njene priče uspio prenijeti Ammi, Amma ju je pogledala duboko u oči i pitala na engleskom: „Tužna?"

Amma je očito osjetila njenu duboku tugu. Dok sam pričao Ammi njenu priču, Ona je gospođu s toliko topline privinula k Sebi. Nakon nekoliko trenutaka, Amma je nježno podigla gospođino lice i ponovo joj se duboko zagledala u oči: „Smrt nije kraj; ona nije potpuni nestanak. Ona je početak novog života." Rekla je: „Tvoj muž je bio sretan. Amma vidi da je on sretan i miran. Zato nemoj tugovati."

Gospođa je odjednom prestala plakati, a na licu joj se odra-žavao duboki mir.

Te sam je noći vidio ponovo. Izgledala je kao da joj je zaista laknulo. Rekla je: „Sada sam tako mirna. Amma me je uistinu blagoslovila. Ne znam kako je mogla tako odjednom maknuti svu moju tugu."

Kasnije sam se toga prisjetio i pitao Ammu: Amma, kako Tvoje riječi mogu napraviti tako veliku promjenu? Zašto se to ne dogodi kada mi govorimo?

„Zato što ste vjenčani svijetom i razvedeni od božanskog."

„Amma, umu su potrebna dodatna objašnjenja. Zato Te molim, hoćeš li biti ljubazna i to još malo detaljnije objasniti?"

„Vjenčani svijetom znači 'poistovjećeni s umom', što rezultira vezanošću za promjenljiv svijet i njegove objekte. To vas odjeljuje ili razvodi od vaše unutarnje božanske prirode."

"To je poput stanja hipnoze. Kada prestanete biti hipnotizi-rani umom, tada će se dogoditi unutarnji razvod. U tom stanju možete i dalje funkcionirati u svijetu, ali vam vaš unutarnji brak ili sjedinjenje s božanskim, pomaže vidjeti lažnu, promjenljivu prirodu svijeta. Zato ostajete netaknuti i nevezani. Niste više hipnotizirani svijetom i njegovim objektima. To je doista vrhov-no stanje Samospoznaje. Treba shvatiti da jedinstvo ili brak sa svijetom ne otkrivaju istinu. Istina je u ponovnom sjedinjenju s božanskim i u ostajanju u vječnom braku s njime. *Gopije* [žene pastira krava] iz Vrindavana sebe su smatrale nevjestama Gospoda Krishne. U sebi su bile vjenčane s Njim, s božanskim, i rastavljene od svijeta."

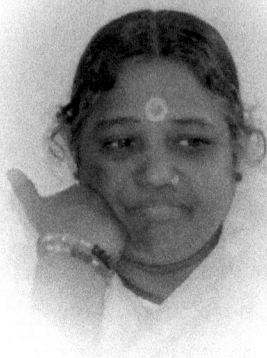

Znanstvenici i sveci

Pokloniku koji je pitao o nevjernicima:

Amma: Zar ne vjerujete znanstvenicima kada govore o Mjesecu ili Marsu? Ipak, koliko vas može zaista potvrditi je li to što govore istina? I dalje vjerujete riječima znanstvenika i astronoma, zar ne? Na isti način su sveci i proroci proveli godine istraživanja u unutarnjim laboratorijima svojih umova i shvatili Vrhovnu Istinu koja je temelj univerzuma. Baš kao što vjerujete riječima znanstvenika koji govore o vama nepoznatim činjenicama, tako bi trebali vjerovati riječima Velikih Učitelja koji govore o Istini u kojoj borave.

Kako zaći u prostor iza misli?

Pitalac: Amma, čini se da mislima nema kraja. Što više meditiramo, one više naviru. Zašto je to tako? Kako da eliminiramo misli i zađemo u prostor iza njih?

Amma: Misli, koje tvore um, su u stvarnosti inertne. One crpe svoju snagu iz Atmana. Vaše su misli vaša vlastita kreacija. Vi ih činite stvarnima tako što surađujete s njima. Ako im uskratite svoju podršku, one će se rastvoriti. Pažljivo ih promatrajte i nemojte im pridavati značenje. Tada ćete vidjeti kako one postepeno nestaju. Um je vjekovima sakupljao misli i želje – kroz različita tijela u kojima ste se rađali. Sve te emocije zakopane su duboko u njemu. Ono što vidite i doživljavate na površini uma samo je maleni dio sakrivenog i uspavanog sloja. Kada pokušavate umiriti um meditacijom, te misli polagano izlaze na površinu. To je kao pokušaj čišćenja poda koji je dugo bio prljav. Sada, kada počinjete proces čišćenja, što više perete, to više prljavštine koja se godinama na podu skupljala, izlazi na površinu.

Slično je i s umom – nikada ranije niste obraćali bilo kakvu pažnju različitim mislima koje su tekle vašim umom. Kao i prljavi pod, um je sakupljao misli, želje i emocije jako dugo. Svjesni ste samo onih površinskih. Međutim, ispod površine nalaze se bezbrojni slojevi misli i emocija. Baš kao što mnogo prljavštine izlazi na površinu kada čistite pod, sve se više misli pojavljuju kako idete dublje u meditaciju. Nastavite sa čišćenjem i one će nestati.

Zapravo je dobro da se misli pojavljuju. Jer jednom kada ih vidite i prepoznate, lakše ćete ih ukloniti. Nemojte izgubiti strpljenje. Budite uporni i nastavite sa svojom *sadhanom* [duhovnim praksama]. U dogledno vrijeme steći ćete snagu da ih nadiđete.

Nasilje, rat i rješenje

Pitalac: Što da ljudi učine kako bi se zaustavilo ratovanje i patnja?

Amma: Budite suosjećajniji i imajte više razumijevanja.

Pitalac: To možda neće biti tako brzo rješenje.

Amma: Neposredno i brzo rješenje gotovo je nemoguće. Primjena vremenski određenog programa možda isto neće djelovati.

Pitalac: Ali to nije ono što miroljubivi ljudi svijeta žele. Oni žele brzo rješenje.

Amma: To je dobro. Neka ta želja o brzom rješenju raste sve dok ne postane intenzivna čežnja. Samo iz te duboke čežnje razviti će se brzo rješenje.

Pitalac: Mnogi duhovno usmjereni ljudi misle da su izvanjsko nasilje ili rat samo manifestacije unutarnjeg nasilja. Što Ti misliš o tome?

Amma: To je istina. Međutim, potrebno je razumjeti činjenicu da su, baš poput nasilja, mir i sreća također dijelovi ljudskog uma. I ako ljudi zaista žele, mogu naći mir u sebi i izvan sebe. Zašto su ljudi usmjereniji na agresivni i destruktivni aspekt uma? Zašto potpuno zanemaruju beskrajnu suosjećajnost i kreativne visine koje isti um može postići?

U konačnici gledano, svi ratovi nisu ništa drugo nego žudnja uma da izrazi svoje unutarnje nasilje. Um ima primitivni, nerazvijeni ili niže razvijeni aspekt. Rat je posljedica tog primitivnog dijela uma. Ratno-huškačka priroda uma je jednostavan primjer koji dokazuje da još niste prerasli vaš primitivni um. Ako se ovaj dio ne nadiđe, rat i sukob u društvu će se nastaviti. Traženje pravog načina da se preraste ovaj aspekt uma i provedba toga, prikladni su i zdravi načini pristupanja pitanju rata i nasilja.

Pitalac: Je li taj put duhovnost?

Amma: Da, put je duhovnost – transformiranje vašeg procesa razmišljanja i prerastanje vaših mentalnih slabosti i ograničenja.

Pitalac: Misliš li da će ljudi svih vjera to prihvatiti?

Amma: Prihvatili oni to ili ne, to je istina. Samo kada vjerski vođe preuzmu inicijativu za propagiranjem duhovnih principa svojih religija, sadašnja situacija će se promijeniti.

Pitalac: Amma, misliš li da je temeljni princip svih religija duhovnost?

Amma: To nije Ammino mišljenje. To je Ammino čvrsto uvjerenje. To je istina.

Vjera i njeni osnovni principi nisu dobro shvaćeni. U stvari, oni su čak i pogrešno protumačeni. Postoje dva aspekta u svakoj pojedinoj svjetskoj religiji: vanjski i unutarnji. Vanjski je filozofija ili intelektualni dio, a unutarnji je duhovni dio. Oni koji su se previše vezali za vanjski dio, idu u krivom smjeru. Religije su putokazi. Oni pokazuju cilj, a cilj je duhovna spoznaja. Da bi se postigao taj cilj, čovjek mora nadići putokaz. To je prava istina.

Na primjer, morate prijeći rijeku. Da biste prešli rijeku, morate koristiti trajekt. Međutim, nakon što dođete na drugu obalu, morate izaći i krenuti dalje. S druge strane, ako odlučno kažete: "Jako volim ovaj brod. Ne želim izaći. Ostat ću ovdje.", tada nećete doseći drugu obalu. Religija je brod. Koristite ju kako biste prešli ocean nesporazuma i zabluda o životu. Bez razumijevanja i prakticiranja toga, neće se pojaviti istinski mir niti izvana niti iznutra.

Religija je poput ograde koja štiti mladicu od životinja. Nakon što mladica postane stablo, nestaje potrebe za ogradom. Tako možemo reći da je religija poput ograde, a spoznaja poput stabla.

Netko pokazuje prstom plod na stablu. Gledate vrh prsta, a zatim dalje. Ako ne gledate dalje od prsta, nećete ugledati plod. U današnjem svijetu, ljudima svih religija nedostaje plod. Oni su postali previše vezani, pa čak i opsjednuti prstima - riječima i izvanjskim aspektima svojih religija.

Pitalac: Misliš li da u društvu nedostaje svjesnosti o tome?

Amma: Puno se radi na povećanju te svjesnosti. No, intenzitet mraka je toliko snažan da se morate probuditi i više raditi. Naravno da su pojedinci i organizacije uključeni u kreiranje te svjesnosti. No, cilj neće biti postignut samo organiziranjem konferencija i razgovorima o miru. Stvarna svjesnost dolazi samo putem meditativnog života. To je nešto što se treba dogoditi iznutra. Sve organizacije i pojedinci koji su aktivno uključeni u postizanje mirnog svijeta bez rata, trebali bi to naglasiti. Mir nije rezultat intelektualne vježbe. To je osjećaj, procvat koji se događa iznutra kao rezultat usmjeravanja vaše energije kroz odgovarajuće kanale. A to se postiže meditacijom.

Pitalac: Kako bi opisala trenutačno stanje u svijetu?

Amma: U majčinom trbuhu ljudski fetus na početku izgleda kao riba. A na kraju izgleda skoro kao majmun. Iako tvrdite da ste civilizirani ljudi koji su napravili veliki skok na znanstvenom polju, mnogo vaših akcija pokazuje da ste iznutra tek u tom završnom stupnju razvoja u majčinom trbuhu.

Zapravo, Amma bi rekla da je ljudski um puno razvijeniji od majmunskog. Majmun može skakati samo od jedne do druge grane, no ljudski majmunski um može napraviti mnogo veće skokove. Može skakati odavde do bilo kuda, do mjeseca ili vrha Himalaja i od sadašnjosti do prošlosti i budućnosti.

Samo će unutarnja promjena temeljena na duhovnom pogledu donijeti mir i okončati patnju. Mnogi ljudi su nepopustljivi u svojim stavovima. Njihov je slogan „Samo ako se ti promijeniš, ja ću se promijeniti“. To nikome neće pomoći. Ako se ti prvi promijeniš, druga će se osoba također automatski promijeniti.

Krist i kršćanstvo

Pitalac: Po rođenju sam Kršćanka. Volim Krista, no također volim i Ammu. Ti si moj Guru. Međutim, moja dvojba je što moja dva sina, koji su gorljivi sljedbenici crkve i Isusa, ne vjeruju u išta drugo. Nastavljaju mi govoriti: "Mama, tužni smo što te nećemo vidjeti u raju, jer ćeš završiti u paklu zato što ne slijediš Krista." Pokušala sam razgovarati s njima, ali oni ne žele poslušati. Amma, što da radim?

Amma: Amma savršeno razumije njihovu vjeru u Krista. U stvari, Amma iskreno cijeni i jako poštuje ljude koji imaju duboku vjeru u svoju religiju i osobnog Boga. Međutim, potpuno je krivo i nelogično reći da će svi ostali koji ne vjeruju u Krista završiti u paklu. Kad je Krist rekao: "Voli bližnjega svoga kao samoga sebe", nije mislio: „Volite jedino kršćane", zar ne? Reći: "Svi osim kršćana će završiti u paklu", znači da se zbog potpunog nedostatka ljubavi ne prihvaćaju drugi. To je laž. Laganje je suprotno Bogu. Božanstvenost ili pobožnost znači biti u istini, jer Bog je Istina. Bog prihvaća i ljubi sve.

Izjava poput "Svi ćete ići u pakao jer ne slijedite Krista", pokazuje potpuno nepoštivanje i nedostatak dobrote prema ostatku čovječanstva. Kako je oholo i okrutno reći da su svi veliki sveci, mudraci i milijarde ljudi koji su živjeli prije Krista, otišli u pakao? Tvrde li ti ljudi da je doživljavanje Boga staro samo 2000 godina ili oni misle da je i sam Bog star samo 2000 godina? To je protiv suštinske naravi Boga koji je sveprožimajući i izvan prostora i vremena.

Isus je bio Bog koji se manifestirao u ljudskom obliku. Ammi apsolutno nije problem to prihvatiti. Međutim, to ne znači da sve velike inkarnacije prije i poslije njega nisu *Avatari* [Bog sišao u ljudskom obliku] ili da nisu sposobni spašavati one koji vjeruju u njih.

Nije li Krist rekao: „Kraljevstvo nebesko je u vama"? To je tako jednostavna i jasna izjava. Što ona znači? Ona znači da Bog prebiva u vama. Ako je raj unutra, pakao je također unutra. To je vaš um. Um je vrlo učinkovit alat. Možete ga koristiti za stvaranje i jednog i drugog, i pakla i raja.

Sve Velike Duše, uključujući Krista, ukazivale su na veliku važnost ljubavi i suosjećanja. U stvarnosti, ljubav i suosjećanje su temeljna načela svih istinskih religija. Ove božanske osobine služe kao podloga svim vjerama. Bez prihvaćanja čiste svjesnosti kao osnovnog načela na kojem sve počiva, nitko ne može voljeti i biti suosjećajan prema drugima. Reći: "Volim te, ali samo ako si kršćanin", isto je kao i reći: "Samo kršćani imaju svjesnost; svi ostali su inertne stvari." Zanijekati svijest znači poreći Ljubav i Istinu.

Kćeri, što se tiče tvog stava u ovoj situaciji, Amma ne misli da će biti lako promijeniti osjećaje tvoje djece. Niti je to potrebno. Pusti ih da budu u svojoj vjeri. Slijedi svoje srce i tiho nastavi činiti ono što misliš da je ispravno. Uostalom, dubok osjećaj u tvom srcu ono je što je doista važno.

Budi dobar kršćanin, hinduist, budist, židov ili musliman, ali nikada nemoj izgubiti razlučivanje i postati zaludjela osoba u ime religije.

Inicijacija u Kristovu mantru

Mladi je kršćanin Ammu zamolio mantru. „Koje je tvoje voljeno božanstvo?" pitala ga je Amma.

„Zavisi od Tebe, Amma. Koje god božanstvo Ti izabrala, ja ću ponavljati Njegovu mantru", odgovorio je.

Amma je rekla: „Ne, Amma zna da si rođen i odgajan kao kršćanin i ta je *samskara* [prevladavajuća sklonost naslijeđena iz ovog i prošlih života] duboko ukorijenjena u tebi".

Nakon kratkog razmišljanja, mladić je rekao: „Amma, ako želiš da ja izaberem božanstvo, onda Te molim da me iniciraš u mantru božice Kali."

Amma je s ljubavlju odbila njegov zahtjev i rekla: "Amma zna da joj pokušavaš ugoditi. Za Ammu nema veze ponavljaš li mantru božice Kali ili Kristovu mantru. Budi iskren prema sebi i budi otvoren prema Ammi. Takav stav Ammu čini doista sretnom."

"Ali Amma, ja pjevam *Mrityunjaya* mantru i druge hinduističke molitve", rekao je, pokušavajući uvjeriti Ammu.

Amma je odgovorila: "To je istina, međutim, moraš ponavljati Kristovu mantru, jer je to tvoja dominantna samskara. Budeš li ponavljao druge mantre, postat će ti problem pridržavati ih se na duge staze. Svakako će se pojaviti proturječne misli."

Međutim, mladić je bio odlučan. Htio je da Amma ili odabere mantru za njega ili da ga inicira u mantru božice Kali. Na kraju je Amma rekla: "Dobro, sine, učini jednu stvar – sjedni mirno i meditiraj neko vrijeme. Vidjet ćemo što će se dogoditi."

Nekoliko minuta kasnije, nakon što je završio meditaciju, Amma ga je upitala: "Reci sada Ammi, koje je tvoje voljeno božanstvo?" Mladić se samo nasmiješio. Amma ga je upitala: "Krist, zar ne?" Mladić je odgovorio: "Da, Amma. Ti si u pravu, a ja sam u krivu."

Amma mu je rekla: "Amma ne vidi razliku između Krista, Krishne i Kali. Međutim, iako ne svjesno, ti podsvjesno osjećaš razliku. Amma je željela da to shvatiš i prihvatiš. Zato ti je rekla da meditiraš."

Mladić je bio sretan, a Amma ga je inicirala u Kristovu mantru.

Zavedeni tražitelji i put izlaza

Pitalac: Amma, postoje ljudi koji već dugo obavljaju intenzivne duhovne prakse. Međutim, oni su i vrlo obmanuti. Neki od njih čak tvrde da su završili svoje putovanje. Kako da pomognemo takvim ljudima?

Amma: Kako im itko može pomoći osim ako sami nemaju potrebu za tim? Da bi netko izašao iz tame zablude, on najprije treba znati da je u tami. To je jedno složeno psihičko stanje. Ta su djeca tamo zapela i teško im je prihvatiti istinu. Kako bi netko mogao izjavljivati takve tvrdnje kao što ta djeca čine, ako je potpuno slobodan od svih oblika ega?

Pitalac: Što ih tjera u to zavedeno mentalno stanje?

Amma: Njihov krivi koncept duhovnosti i sebe-ispitivanja.

Pitalac: Hoće li biti spašeni?

Amma: Samo ako žele biti spašeni.

Pitalac: Može li ih Božja milost spasiti?

Amma: Naravno, no jesu li otvoreni kako bi primili tu milost?

Pitalac: Milost i suosjećanje su bezuvjetni. Biti otvoren je uvjet, nije li?

Amma: Otvorenost nije uvjet. To je potreba, nužnost kao jedenje i spavanje.

Pomoć Istinskog Učitelja kako bi se završilo putovanje

Pitalac: Neki misle da nije potrebno vodstvo Gurua kako bi se spoznao Bog. Amma, što Ti o tome misliš?

Amma: Fizički slijepa osoba vidi posvuda mrak. Zato joj je potrebna pomoć. Usprkos tome što su duhovno slijepi, ljudi to ne shvaćaju. No, čak i da uspiju shvatiti, ne bi to prihvatili. Zbog toga im je teško zatražiti pomoć.

Ljudi imaju različita mišljenja i slobodni su ih izraziti. Oni s oštrijim umovima mogu dokazati ili pobiti mnogo toga. Međutim, njihovi iskazi ne moraju nužno biti odraz istine. Što se više priklanjate intelektu, to ste više egoistični. Takvim osobama nije lako postići predanost. Iskustvo Boga nije moguće ostvariti bez predaje ega. Oni koji su jako vezani za svoj ego naći će mnoge načine kako bi opravdali svoje egoistične postupke. Ako netko tvrdi da vodstvo Učitelja nije potrebno na putu do Boga, Amma osjeća da se takva osoba boji predati svoj ego. Ili, možda oni sami žude biti Učiteljima.

Iako je vaša istinska priroda božanska, jako dugo ste se poistovjećivali sa svijetom imena i oblika, misleći da su stvarni. Sada je vrijeme da se prestanete poistovjećivati s njima.

Nevino darovanje srca

Djevojčica koja je došla na *darshan,* Ammi je darovala prekrasan cvijet. Rekla je: "Amma, ovo je iz našeg vrta kod kuće." Amma je odgovorila: "Stvarno? Lijep je." Primajući cvijet od djevojčice, Amma ga je ponizno dotakla glavom, kao da mu se klanja.

"Jesi li ga sama ubrala?" upitala je Amma. Djevojčica je kimnula. Njena majka je objasnila da joj je kći bila toliko uzbuđena kad joj je rekla da će ići vidjeti Ammu, da je potrčala u vrt i vratila se s cvijetom. Doista, cvijet je još uvijek imao nekoliko kapljica rose na sebi. "Pokazujući mi cvijet, rekla je: 'Mama, ovaj cvijet je lijep kao Amma.'"

Djevojčica je sjedila na Amminom krilu. Iznenada je čvrsto zagrlila Ammu i poljubila je u oba obraza. Rekla je: "Volim te tako jako, Amma." Uzvrativši joj nekoliko poljubaca, Amma je odgovorila: "Dijete moje, Amma tebe isto jako voli."

Gledajući djevojčicu kako raspoloženo pleše uz majku dok su hodale prema svojim mjestima, Amma je rekla: "Nevinost je tako lijepa i zarobljava srce."

Direktna veza s Bogom

Tijekom serije pitanja i odgovora na jednom od Amminih retreata, jedan od poklonika rekao je zabrinutim tonom: "Amma, toliko tisuća ljudi Ti se mole. Čini se da će gotovo sve linije biti zauzete kad ću Te zvati u pomoć. Imaš li kakvih prijedloga za mene?"

Čuvši pitanje, Amma se od srca nasmijala i odgovorila: "Ne brini, sine. Imaš direktnu vezu." Ammin je odgovor pobudio glasan smijeh. Nastavila je: "U stvari, svatko ima direktnu vezu s Bogom. Međutim, kvaliteta linije ovisi o žaru vaše molitve."

Kao rijeka teče….

Pitalac: Amma, radiš isti posao svakodnevno, godinu za godinom. Zar Ti ne dosadi tako neprestano grliti ljude?

Amma: Ako je rijeci dosadno teći, ako je suncu dosadno sjati i ako je vjetru dosadno puhati, onda je Ammi također dosadno.

Pitalac: Amma, gdje god si, uvijek si okružena ljudima. Zar ne osjetiš potrebu za malo slobode i samoće?

Amma: Amma je uvijek slobodna i sama.

Vedski zvukovi i mantre

Pitalac: Drevni *Rishiji* [Mudraci] poznati su kao *mantra drishtas* [oni koji su vidjeli mantre]. Znači li to da su oni vidjeli čiste zvukove ili mantre?

Amma: "Viđeno" znači "svanulo iznutra" ili doživljeno. Mantre se mogu doživjeti jedino iznutra. Vedski zvukovi i mantre su već postojali u svemiru, u atmosferi. Što znanstvenici rade kada nešto izume? Otkrivaju činjenicu koja je jako dugo ležala sakrivena. Ne možemo ju nazvati novim izumom. Oni činjenicu samo razotkriju.

Jedina razlika između znanstvenih izuma i mantri je suptilnost njihovih razina. Rishiji su kroz teške pokore razbistrili i očistili svoje unutarnje instrumente. Dakle, ti su im univerzalni zvukovi automatski postali razotkriveni.

Znamo kako zvukovi i slike u obliku vibracija putuju od radio stanice ili TV stanice kroz zrak. One su stalno u atmosferi. Međutim, da biste ih vidjeli i čuli, morate naštimati svoj instrument, radio ili TV. Jednako tako, božanski zvuci će se otkriti onima jasna i čista uma. Vanjske ih oči ne mogu vidjeti. Samo razvojem trećeg ili unutarnjeg oka, moći ćete doživjeti ove zvukove.

O kojem god zvuku da se radilo, naučite ga osjećati duboko koliko god možete. Osjećati zvuk, a ne ga samo slušati, ono je što je doista važno. Osjetite svoje molitve, osjetite svoju mantru i osjećat ćete Boga.

Pitalac: Imaju li mantre značenje?

Amma: Ne na način na koji vi mislite ili očekujete. Rishiji su u dubokoj meditaciji doživjeli dubinu znanja, mantre koje su najčišći oblici vibracija u svemiru ili *shakti* [božanska energija]. Mantra je moć svemira u obliku sjemena. To je razlog zašto su poznate kao *bijaksharas* [sjemena slova]. Nakon što su Rishiji doživjeli ta iskustva, ponudili su te čiste zvukove čovječanstvu. Međutim, verbalno rezimiranje nekog iskustva, a naročito najdubljeg od svih iskustava, nije tako lako. Dakle, postojeće mantre zvukom su najbliže univerzalnom zvuku koje su suosjećajni Rishiji mogli verbalno stvoriti za korist svijetu. Međutim i dalje ostaje činjenica da puninu mantre možete doživjeti jedino savršeno čistim umom.

Nešto nedostaje

Pitalac: Amma, mnogi ljudi kažu da im unatoč svom njihovom materijalnom blagostanju, nešto nedostaje u životu. Zašto se tako osjećaju?

Amma: Život donosi različitim ljudima različita iskustva i situacije, prema njihovoj prošloj *karmi* [akcije] te načinu na koji žive i djeluju u sadašnjosti. Tko god da ste ili koje god da ste materijalne vrijednosti stekli, jedino življenje i razmišljanje na *dharmički* [pravedan] način, pomoći će vam postići savršenstvo i sreću u životu. Ako vaše bogatstvo i želje ne koristite u skladu s vrhunskom dharmom, čime se stječe *moksha* [oslobođenje], nikada nećete iskusiti mir. Uvijek ćete imati osjećaj "nešto mi nedostaje." To nešto što nedostaje je mir, ispunjenje i zadovoljstvo. Ovaj nedostatak istinske radosti stvara prazninu koju ne možete ispuniti prepuštanjem užicima ili ostvarivanjem materijalnih želja.

Ljudi diljem svijeta misle da ovu prazninu mogu ispuniti ostvarivanjem svojih želja. U stvari, taj jaz će ostati i možda se čak i produbiti ako nastave trčati samo za svjetovnim stvarima.

Dharma i moksha su međuovisni. Onaj tko živi prema načelima *dharme* postići će *mokshu*, a onaj tko ima želju postići *mokshu* uvijek će voditi *dharmički* život.

Ne koriste li se ispravno i mudro, novac i bogatstvo mogu postati veliki spoticaj. Oni su tada prepreke onima koji žele duhovno rasti. Što imate više novaca, vjerojatno ćete postati jače opsjednuti svojim tijelom. Što se više identificirate sa svojim tijelom, to ste egoističniji. Novac nije problem, no neinteligentna vezanost za njega, jest.

Svijet i Bog

Pitalac: Kakva je veza između svijeta i Boga, radosti i tuge?

Amma: Potrebno je da svijet spozna Boga ili da iskusi stvarnu radost. Nastavnik u razredu piše na ploču bijelom kredom. Crna pozadina daje kontrast bijelim slovima. Slično tome, svijet je za vas pozadina na kojoj možete vidjeti svoju čistoću, postati svjesni svoje istinske prirode koja je vječna sreća.

Pitalac: Amma, je li istina da se jedino ljudi osjećaju nesretno ili nezadovoljno, no ne i životinje?

Amma: Zapravo ne. Životinje također osjećaju tugu i nezadovoljstvo. One doživljavaju tugu, ljubav, ljutnju i druge emocije. Međutim, one te osjećaje ne doživljavaju tako duboko kao ljudi. Ljudi su razvijeniji, tako da su njihovi osjećaji puno dublji.

119

Duboki osjećaji tuge pokazuju potencijal da se krene u drugu krajnost, blaženstvo. Od tog osjećaja duboke tuge i boli možete sakupiti dovoljno snage kako biste krenuli na put samoispitivanja. Radi se samo o kanaliziranju vaše *shakti* [vitalna snaga] s više diskriminacije.

Pitalac: Amma, kako možemo koristiti svoju *shakti* s više diskriminacije?

Amma: Samo će vam duboko razumijevanje u tome pomoći. Pretpostavimo da sudjelujete u pogrebnoj ceremoniji ili posjećujete bolesnu, staru osobu koja je u potpunosti prikovana za krevet. Sigurno ćete se osjećati tužno. Međutim, nakon nekog vremena ćete se vratiti kući i biti zaokupljeni svojim obvezama te ćete to zaboraviti i krenuti dalje. Taj događaj nije dotakao najdublje dubine vašega srca; nije tako duboko djelovao na vas. Međutim, ako možete stvarno razmišljati o takvim iskustvima misleći: „Isto će se dogoditi i meni, prije ili kasnije", tada će ta iskustva polako mijenjati vaš život i voditi vas prema dubljim tajnama svemira. Polako, ako ste ozbiljni i iskreni, naći ćete pravi izvor radosti.

Dok je Amma govorila, dijete koje je udobno sjedilo u krilu svoje majke najednom je počelo plakati. Govoreći: „Dijete…dijete…dijete," Amma je pitala zašto dijete plače. Podižući varalicu, majka je rekla: „Izgubila je varalicu." Svi su se nasmijali. Tada je majka stavila varalicu natrag djetetu u usta i ono je prestalo plakati.

Amma: Malena je izgubila svoju sreću. Ovo dobro pokazuje ono što smo htjeli objasniti. Varalica je varava kao i svijet. Ona ne daje nikakvu hranu djetetu. Međutim, ona sprječava dijete da plače. Zato možemo reći da ona ima svrhu, da se tako izrazim.

Poput toga, svijet ne hrani vašu dušu. Ali ima svrhu, a to je da vas podsjeća na Stvoritelja ili Boga.

Pitalac: Kažu da je potrebno proći kroz golemu bol i tugu prije spoznaje Sebstva. Je li to točno?

Amma: Tuga i bol su i inače prisutne u životu. Duhovnost nije putovanje naprijed; duhovnost je putovanje unatrag. Vraćate se vašem originalnom izvoru postojanja. U tom procesu, morate proći kroz slojeve emocija i *vasana* [sklonosti] koje ste do tada nakupili. Otuda dolazi bol, a ne izvana. Prolazeći kroz te slojeve s otvorenim stavom, vi u stvari prolazite preko njih te ih nadilazite i to će vas u konačnici odvesti u prebivalište vrhovnog mira i blaženstva.

Prije dolaska na vrh planine, potrebno je biti u dolini u podnožju, drugom ekstremu. Isto tako, prije postizanja vrhunca sreće, iskustvo onog drugog kraja - tuge, neizbježno je.

Pitalac: Zašto je to neizbježno?

Amma: Dokle god se identificirali s egom i dokle god osjećali: "Ja sam odvojen od Boga", bol i tuga će biti prisutni. Sada se nalazite u podnožju planine. Čak i prije nego započnete s penjanjem na planinu, morate se odreći svoje vezanosti za dolinu i za sve što posjedujete tamo. Bol je neizbježna samo kada to ne napravite dovoljno zdušno. Inače, ne postoji bol. Kada se odreknete, bol postaje intenzivna čežnja, čežnja da se dostigne vrhovno vječno sjedinjenje. Pitanje je koliki se mogu zdušno odreći vezanosti?

Poklonik je nekoliko trenutaka bio zamišljen. Vidjevši njegovu šutnju, Amma mu je dotakla glavu govoreći: "Naštimaj bubanj ega, neka ugodni zvuci dolaze iz njega." Poklonik je spontano prasnuo u smijeh.

Amma: Amma je čula priču. Bio jedan bogataš koji je u potpunosti izgubio zanimanje za svjetovni život i htio je započeti novi život pun mira i spokoja. Imao je sve što se novcem moglo kupiti, ali bez obzira na to, život mu se činio posve besmislen. Tako je odlučio zatražiti vodstvo duhovnog Učitelja. Prije odlaska od kuće, čovjek je mislio: "Što ću učiniti sa svim tim novcem? „Sav ću novac ponuditi Učitelju i zaboraviti na njega. Ono za čim stvarno žudim je istinska sreća." Dakle, bogataš je sve zlatne kovanice koje je imao, stavio u torbu i odnio sa sobom.

Nakon cjelodnevnog putovanja, čovjek je pronašao Učitelja kako sjedi pod drvetom na kraju naselja. Položio je torbu s novcem ispred Učitelja i poklonio mu se. No, kada je podigao glavu, bio je zapanjen vidjevši da je Učitelj otrčao s torbom. Totalno zbunjen i zaprepašten Učiteljevim čudnim ponašanjem, bogataš je potrčao za njim koliko su ga noge nosile. Učitelj je trčao brže – preko polja, uspinjao se na brda i spuštao s njih, skakao preko potoka, gazio grmlje i trčao po ulicama. Počelo se mračiti. Učitelj je jako dobro poznavao sve seoske stazice, zavojite putove i uličice kojima ga je bogataš jedva uspijevao pratiti.

Konačno, odustajući od bilo kakve nade da ga ulovi, bogataš se vratio na isto mjesto na kojem je prvi puta susreo Učitelja. Tamo je ležala njegova torba s novcem - i, tamo se, skrivajući se iza stabla, nalazio Učitelj. Dok je bogataš pohlepno zgrabio svoju dragocjenu torbu s novcem, Učitelj je provirio iza stabla i rekao: "Reci mi kako se sada osjećaš?"

"Sretan sam, jako sretan - to je najsretniji trenutak mog života."

"Dakle," rekao je Učitelj, "da bi se doživjela prava sreća, čovjek mora doživjeti i drugu krajnost."

Djeco, možete lutati svijetom, trčati za njegovim različitim stvarima. Međutim, ako se ne vratite izvoru iz kojeg ste prvotno krenuli, prava sreća neće se dogoditi. Ovo je još jedna pouka ove priče.

Pitalac: Amma, čuo sam da se prava radost ne može pronaći dok ne prestane svako traženje. Kako to objašnjavaš?

Amma: „Sva traženja trebaju prestati" znači da treba prestati traženje sreće u vanjskom svijetu, zato što je ono što tražite unutar vas. Prestanite trčati za zemaljskim stvarima i okrenite se unutra. Tamo ćete pronaći ono što tražite. Vi ste oboje, i tražitelj i traženo. Vi ste u potrazi za nečim što već imate. To ne možete naći izvan sebe. Stoga, svaka će potraga za srećom izvan vas rezultirati neuspjehom i frustracijom. To je kao kad pas lovi svoj vlastiti rep.

Neograničeno strpljenje

P ostoji čovjek, u kasnim pedesetima, koji je redoviti posjetitelj Amminih programa u New Yorku od 1988. godine. Ne mogu ga zaboraviti, jer je on uvijek imao ista pitanja za Ammu. Gotovo svaki put sam bio njegov prevoditelj. Iz godine u godinu, čovjek je postavljao sljedeća tri pitanja, čak ih ni jednom nije niti preformulirao:

1. Može li mi Amma dati brzu samospoznaju?
2. Kada ću se oženiti lijepom ženom?
3. Kako da brzo zaradim novac i postanem bogat?

Vidjevši ga kako dolazi u red za darshan, u šali sam komentirao: „Dolazi pokvarena ploča." Amma je odmah shvatila na koga sam mislio. Oštro me je pogledala i rekla: "Duhovnost je sve ono što je u vezi s osjećanjem i sudjelovanjem u problemima i bolima drugih. Čovjek bi trebao imati barem zreo intelektualni pristup prema ljudima koji prolaze kroz takve probleme i situacije. Ako ih nema strpljenja slušati, nije sposoban biti Ammin prevoditelj."

Iskreno sam tražio Ammu za oprost radi svog stava punog predrasuda i radi svojih riječi. Međutim, još sam se pitao želi li Amma čuti njegovo pitanje po 15. put. "Trebam li uzeti njegova pitanja?" pitao sam Ammu. "Naravno, zašto pitaš?" Naravno, to su bila ista tri pitanja. A ja sam bio ponovo pun strahopoštovanja i čuda pošto sam svjedočio kako ga Amma sluša i daje savjete kao da čuje njegova pitanja prvi put.

Pitalac: Amma, možeš li mi dati brzu samospoznaju?

Amma: Meditiraš li redovito?

Pitalac: Nadajući se da ću dobro zaraditi, radim 50 sati tjedno. No, meditiram, ali ne redovito.

Amma: To znači?

Pitalac: Nakon što se vratim s posla, ako nađem vremena, meditiram.

Amma: U redu, što je sa ponavljanjem tvoje mantre. Ponavljaš li ju dnevno prema uputama koje si dobio?

Pitalac: (malo oklijevajući) Da, ponavljam mantru, ali ne svaki dan.

Amma: U koje vrijeme ideš spavati i u koliko sati se budiš ujutro?

Pitalac: Obično idem spavati oko ponoći i ustajem u 7:00.

Amma: U koje vrijeme završavaš posao?

Pitalac: Moje radno vrijeme je od 8:30 do 17:00. Do ureda mi treba 35 do 40 minuta vožnje ako nema gužve na cesti. Zato idem od kuće u 7:35. Nakon što ustanem, stignem samo pripremiti kavu i dva komada tosta i odjenuti se. S doručkom i kavom u rukama, uskočim u auto i odem.

Amma: U koje vrijeme dođeš kući s posla?

Pitalac: Mmm... 17:30 ili 18:00.

Amma: Što radiš nakon što dođeš kući?

Pitalac: Odmorim se pola sata i kuham večeru.

Amma: Za koliko ljudi?

Pitalac: Samo za sebe. Živim sam.

Amma: Koliko ti je vremena potrebno za to?

Pitalac: Oko 40 minuta do jednog sata.

Amma: To je 19:30. Što radiš nakon večere? Gledaš TV?

Pitalac: Tako je.

Amma: Koliko dugo?

Pitalac: (smijući se) Amma, stjerala si me u kut. Gledam TV do trenutka kada moram ići spavati. Također Ti želim priznati još jednu stvar.... Ne, odustajem.

Amma: (tapšući ga po leđima) Hajde, samo pitaj, dovrši ono što si htio pitati.

Pitalac: Previše me sram to razotkriti.

Amma: U redu, dobro.

Pitalac: (nakon kratke stanke) Nema smisla skrivati to od Tebe. Uglavnom, vjerujem da Ti to već znaš. Zašto bi Ti inače i stvorila takvu situaciju? Oh, to je takva *leela* [božanska igra].... Amma, molim Te za oprost, ali sam zaboravio svoju Guru mantru. Ne mogu čak naći ni papirić na kojem je napisana.

Čuvši njegove riječi, Amma je prasnula u smijeh.

Pitalac: (zbunjeno) Što? Zašto se smiješ?

Dok je sjedio sa zabrinutim pogledom na licu, Amma je šaleći se štipnula njegovo uho.

Amma: Ti mali lopove! Amma je znala da pokušavaš nešto sakriti od Nje. Vidi, sine moj, Bog daruje sve. Amma razumije tvoju iskrenost i radoznalost, ali moraš imati više *shraddhe* [nepokolebljiva vjera] i predanosti i moraš biti spreman naporno raditi kako bi postigao cilj, postigao samospoznaju.

Mantra je most koji te povezuje s tvojim Učiteljem – konačno s beskonačnim. Ponavljanje Guru mantre je poput hrane za istinskog učenika. Pokaži poštovanje prema mantri i prema svom Učitelju svakodnevno nepogrešivo ponavljajući mantru. Bez takve odlučnosti samospoznaja se neće dogoditi. Duhovnost ne bi smjela biti posao sa skraćenim radnim vremenom. Ona mora biti puno radno vrijeme. Amma ne traži da ostaviš svoj posao ili da radiš manje. Na svoj posao i zarađivanje novca gledaš ozbiljno, zar ne? Na sličan način, spoznaja Boga je također ozbiljna. Baš kao i jedenje i spavanje, duhovne prakse trebaju postati sastavni dio tvog života.

Pitalac: (ljubazno) Amma, prihvaćam Tvoj odgovor. Upamtit ću to i pokušati napraviti kako si me uputila. Molim Te blagoslovi me.

Čovjek je neko vrijeme bio miran. Izgledalo je da razmišlja.

Amma: Sine... Bio si dva puta u braku, zar ne?

Pitalac: (iznenađeno) Kako si znala?

Amma: Sine, ovo nije prvi puta da te probleme spominješ Ammi.

Pitalac: Koja memorija!

127

Amma: Zašto misliš da će slijedeći brak uspjeti?

Pitalac: Ne znam.

Amma: Ne znaš? Ili nisi siguran?

Pitalac: Nisam siguran.

Amma: Unatoč nesigurnosti, razmišljaš li još uvijek o novom braku?

Uvelike zbunjen i istovremeno zabavljen, čovjek je gotovo pao na pod od smijeha. Zatim je sjeo i sa skupljenim dlanovima je rekao: "Amma, Ti si neodoljiva i nepobjediva. Klanjam Ti se."

Dobroćudno se smiješeći, Amma je zaigrano dotakla čovjekovu ćelavu glavu koju je ponizno prignuo.

Bezuvjetna ljubav i suosjećanje

Pitalac: Amma, koja je Tvoja definicija bezuvjetne ljubavi i suosjećanja?

Amma: To je u potpunosti nedefinirano stanje.

Pitalac: Što je to onda?

Amma: To je prostranost, poput neba.

Pitalac: Je li to unutarnje nebo?

Amma: Unutarnje i vanjsko ondje ne postoje.

Pitalac: Nego?

Amma: Postoji samo jednota. Postoji samo jednota koju nije moguće definirati.

Najlakši put

Pitalac: Amma, postoji tako mnogo putova. Koji je od njih najlakši?

Amma: Najlakši put je biti uz *Satgurua* [Istinskog Učitelja]. Biti sa *Satguruom* je poput putovanja u Concorde-Jetu. Istinski Učitelj je najbrže vozilo koje vas može dovesti do cilja. Biti na putu bez pomoći Istinskog Učitelja je poput putovanja u autobusu koji će se zaustaviti stotinu puta. To će usporiti proces.

Prosvjetljenje, predaja i življenje u sadašnjosti

Pitalac: Je li moguće postići prosvjetljenje bez predanosti, bez obzira koliko intenzivnu *sadhanu* [duhovne prakse] čovjek prakticirao?

Amma: Reci Ammi što misliš pod intenzivnom sadhanom? Prakticirati intenzivnu sadhanu znači obavljati ju iskreno i s ljubavlju. Za to je potrebno biti u sadašnjosti. Bivanjem u sadašnjosti znači da morate predati prošlost i budućnost.

Bilo da to zovete predanošću, sadašnjim trenutkom, bivanjem ovdje i sada, življenjem trenutak za trenutkom ili nekim drugim terminom, svi su oni jedno te isto. Termini se mogu razlikovati, ali ono što se događa unutra je isto. Provođenje bilo kojeg oblika duhovne prakse pomaže vam u učenju velike pouke da sve pustite. Prava meditacija nije djelovanje; ona je intenzivna čežnja srca da postane jedno sa Sebstvom ili s Bogom. Što dublje idete u taj proces, ego postaje manji i osjećate se lakše. Dakle, vidite, prava svrha sadhane je postupno ukloniti osjećaj "ja" i "moje". Ovaj proces je opisan na različite načine, korištenjem različitih termina i to je sve.

Pitalac: Sva materijalna postignuća i uspjesi u svijetu, u osnovi ovise o tome koliko je čovjek agresivan i koliko je sposoban. Ako i dalje ne oštri svoj um i intelekt, ne može pobijediti. Mala tupost će ga gurnuti unatrag i bit će marginaliziran. Čini se da postoji velika razlika između principa duhovnog i svjetovnog života.

Amma: Kćeri, kao što si ispravno rekla, to se samo čini različito.

Pitalac: Kako?

Amma: Bez obzira na to tko su i što rade, većina ljudi živi u sadašnjosti, samo ne u potpunosti. Kada su u nekoj akciji ili nešto misle, oni se predaju tom trenutku. Inače se stvari ne bi dogodile. Pogledajte, na primjer, stolara. Kada um stolara ne bi bio usmjeren na sadašnji trenutak prilikom korištenja alata, mogao bi se teško ozlijediti. Dakle, ljudi žive u sadašnjosti. Jedina razlika je što većina ljudi ima malo ili nimalo svijesti i stoga su samo djelomično prisutni ili nisu uopće prisutni. Duhovna znanost vas uči da budete u potpunosti u sadašnjem trenutku, bez obzira na vrijeme i mjesto. Ljudi su, ili u umu ili u intelektu - nikada u srcu.

Pitalac: Ali ne moramo li nadići ego kako bismo u potpunosti bili prisutni?

Amma: Da, no nadići ego ne znači da trebate postati nefunkcionalni ili beskorisni. Naprotiv, nadići ćete sve slabosti. U potpunosti ćete se transformirati i vaši će se unutarnji kapaciteti u potpunosti izraziti. Kao savršeno ljudsko biće, bit ćete spremni služiti svijetu i nećete vidjeti nikakvih razlika.

Pitalac: Znači, Amma, ono što govoriš je to da zapravo nema razlike između predanosti i življenja u sadašnjosti?

Amma: Da, to je jedno te isto.

Japamala i mobitel

Hodajući prema dvorani za program uz pratnju Svoje djece, Amma je primijetila jednog od brahmacharija kako je otišao na stranu da bi odgovorio na telefonski poziv koji je upravo primio.

Kada je brahmachari završio razgovor i ponovo se pridružio grupi, Amma je primijetila: "Zbog različitih odgovornosti kao što je organiziranje Amminog programa diljem zemlje i kontaktiranja lokalnih koordinatora, u redu je ako duhovni tražitelj ima mobitel. Međutim, dok drži mobitel u jednoj ruci, treba zadržati *japamalu* [brojanica] u drugoj, što će ga podsjetiti da ne zaboravi ponavljati svoju mantru. Mobitel je potreban radi kontakta sa svijetom. Koristite ga ako je potrebno. Ali nikad nemojte izgubiti kontakt s Bogom. To je vaša životna snaga.

Živa Upanishada

Pitalac: Kako bi opisala *Satgurua* [Istinski Učitelj]?

Amma: Satguru je živa *Upanishada* [utjelovljenje najviše istine, kako je opisano u *Upanishadama*].

Pitalac: Koji je Učiteljev glavni zadatak?

Amma: Njegova ili Njena jedina svrha je inspirirati učenike i uliti im vjeru i ljubav koja im je potrebna da bi dosegli cilj. Zapaliti u učeniku plamen čežnje za samoispitivanjem ili ljubavi za Boga je prva i najvažnija zadaća Učitelja. Nakon što je zapalio plamen, Učiteljev je sljedeći zadatak održati taj plamen, štiteći ga od olujnih noći i jakih pljuskova nepotrebnih iskušenja. Učitelj će čuvati učenika kao što kokoš štiti piliće ispod svojih krila. Postepeno će učenik naučiti značajnije lekcije predanosti i odvojenosti, promatranjem Učitelja i crpljenjem inspiracije iz Njegovog ili Njenog života. To će na kraju kulminirati potpunom predanošću i transcendencijom.

Pitalac: Što učenik transcendira?

Amma: Svoju nižu prirodu ili *vasane* [tendencije].

Pitalac: Amma, kako bi opisala ego?

Amma: Samo kao beznačajnu pojavu, no destruktivnu ako niste oprezni.

Pitalac: Ali nije li to vrlo koristan i snažan instrument tijekom življenja u svijetu?

Amma: Da, ako naučite kako ga pravilno koristiti.

Pitalac: Što misliš pod „pravilno"?

Amma: Amma misli da čovjek treba pomoću diskriminacije vježbati pravilan nadzor nad njim.

Pitalac: *Sadhake* [duhovni tražitelji] čine iste te stvari kao dio svoje duhovne prakse, zar ne?

Amma: Da, no *sadhaka* polako stiče majstorstvo nad egom.

Pitalac: Znači li to da ne postoji potreba za transcendiranjem ega?

Amma: Stjecanje majstorstva i transcendiranje je isto. U stvarnosti ne postoji ništa što bi trebalo transcendirati. Baš kao što je ego u konačnici nestvaran, transcendencija je isto tako nestvarna. Jedino je *Atman* [Istinsko Sebstvo] stvaran. Ostalo su samo sjene ili oblaci koji zaklanjaju sunce. Oni nisu pravi.

Pitalac: Ali sjene nam daju hlad. Ne možemo za njih reći da su nestvarne, zar ne?

Amma: Točno. Ne može se za sjenu reći da je nestvarna. Ona ima svrhu. Daje hladovinu. Ali ne zaboravite stablo koje je izvor sjene. Sjena ne može postojati bez stabla, ali stablo može postojati i bez sjene. Stoga, sjena niti je stvarna niti nestvarna. To je ono što je m*aya* [iluzija]. Um ili ego nije ni stvaran ni nestvaran. Ipak, postojanje Atmana ni na kakav način ne ovisi o egu.

Na primjer, čovjek i njegov sin hodaju po vrućini. Kako bi se zaštitio od vrućine, dječak hoda iza oca i sjena ga štiti od sunca. U pravu si sine. Ne može se reći za sjenu da je nestvarna; a opet, nije ni stvarna. Međutim, ona ima svrhu. Na sličan način, iako ego nije ni stvaran ni nestvaran, on ima svoju ulogu – podsjećati nas na konačnu stvarnost, Atmana, koji služi kao podloga egu.

Baš kao ni sjena, ni svijet ni ego ne mogu postojati bez Atmana. Atman je taj koji podržava i održava cijelo postojanje.

Pitalac: Amma, vratimo se na temu transcendencije - rekla si da je transcendiranje ega nestvarno, isto kao što je nestvaran i sam ego. Ako je tako, kakav je proces otkrića Sebstva ili spoznaje Sebstva?

Amma: Baš kao što je ego nestvaran, također je i proces transcendencije ega nestvaran. Čak je i izraz "otkriće Sebstva" pogrešan, jer se Sebstvo ne treba otkriti. Onaj koji uvijek ostaje isti, u sva tri vremenska razdoblja, ne treba prolaziti niti jedan takav proces.

Sva objašnjenja vas na kraju dovode do spoznaje da su sva objašnjenja besmislena. Na kraju ćete shvatiti da ništa drugo ne postoji, osim Atmana i da zapravo procesa nije ni bilo.

Na primjer, usred guste šume nalazi se prekrasan izvor nektarske vode. Jednog dana otkrijete taj izvor, popijete vodu i postignete besmrtnost. Izvor je oduvijek bio tamo, ali vi to nikada niste znali. Odjednom ste ga postali svjesni, svjesni njegova postojanja. Isto je i s unutarnjim izvorom čiste *shakti* [energija]. Kako tražite i kako vaša čežnja da spoznate svoje Sebstvo raste, dogodi se otkriće i dolazite u dodir sa svojim izvorom. Nakon što je veza uspostavljena, spoznajete da nikada niste ni bili odvojeni od njega.

Na primjer, svemir u sebi ima skriveno ogromno bogatstvo; neprocjenjivo kamenje, čarobne napitke, lijekove za sve, vrijedne informacije o povijesti čovječanstva, metode za rješavanje tajni svemira i tako dalje. Ono što znanstvenici prošlosti, sadašnjosti i budućnosti mogu otkriti, samo je vrlo mali dio onoga što svemir u sebi stvarno nosi. Ništa nije novo. Svi izumi nisu ništa drugo do uklanjanje prekrivača. Isto tako, najviša istina ostaje prekrivena duboko u vama. Proces otkrivanja poznat je kao *sadhana* [duhovne prakse]. Dakle, s individualne točke gledišta, postoji proces otkrića Sebstva, a time i transcendencije.

Pitalac: Amma, kako bi objasnila transcendenciju u svakodnevnim životnim situacijama?

Amma: Transcendencija nastaje samo kad postignete dovoljno zrelosti i razumijevanja. Ona se postiže kroz duhovne prakse i suočavanjem s različitim iskustvima i situacijama u životu s pozitivnim stavom i stanovitim stupnjem otvorenosti. To će vam pomoći da napustite svoje pogrešne predodžbe te da odete puno dalje. Postanete li malo pažljiviji, shvatit ćete da je to nadrastanje sitnica, beznačajnih želja i vezanosti, uobičajeno iskustvo u vašem svakodnevnom životu.

Dijete se uvijek voli igrati sa svojim igračkama, recimo, sa svojim plišanim majmunčićem. Voli plišanu čimpanzu toliko da je cijeli dan nosi sa sobom. Igrajući se njome, ponekad čak zaboravlja na jelo. Ako mu pak majka pokuša uzeti igračku, postane tako uzrujan da plače. Maleni dječak ne može čak ni zaspati ako čvrsto ne prigrli igračku. Tek mu tada njegova majka može uzeti plišanu čimpanzu.

Ali jednog dana majka vidi da sve igračke, uključujući čimpanzu koju dječak najviše voli, leže napuštene u kutu njegove sobe. Dječak ih je odjednom prerastao; on je transcendirao igračke. Može ga se čak vidjeti da nasmijan gleda drugo dijete kako se igra s igračkama. Sigurno razmišlja: "Pogledajte kako se to dijete igra s igračkama." On je čak zaboravio da je i on jednom bio dijete.

U slučaju djeteta, ono je napustilo igračke i prigrlilo nešto još naprednije, možda bicikl s tri kotača. I neće proći dugo kad će i to transcendirati i vozit će veći bicikl. Nakon toga će možda htjeti motocikl, automobil i tako dalje. Ali sadhaka treba razviti snagu i razumijevanje kojima će transcendirati sve što mu dolazi na put i prigrliti samo Najvišeg.

Iluzija

Pitalac: Amma, što je *maya* [iluzija]? Kako bi ju definirala?

Amma: Um je *maya*. *Maya* je nesposobnost uma da shvati kako je svijet nepostojan i promjenljiv.

Pitalac: Također se kaže da je ovaj materijalan svijet *maya*.

Amma: Da, jer je projekcija uma. To što vas sprječava vidjeti stvarnost je *maya*.

Lav od sandalovine djetetu izgleda kao stvaran, ali odrasloj osobi je samo komad sandalovine. Za dijete je drvo skriveno i ono vidi samo lava. Roditeljima se također može sviđati lav, ali znaju da nije stvaran. Njima je stvarno drvo, a ne lav. Na isti način, samospoznatoj duši cijeli svemir nije ništa drugo nego bit, "drvo" koje obuhvaća sve, Apsolutni Brahman ili svijest.

Ateisti

Pitalac: Amma, što misliš o ateistima?

Amma: Nije važno vjeruje li netko u Boga ili ne, tako dugo dok na koristan način doprinosi društvu.

Pitalac: U stvari, nisi zabrinuta za njih?

Amma: Amma brine za svakoga.

Pitalac: No, misliš li da su njihovi pogledi ispravni?

Amma: Zar je bitno što Amma misli dok oni i dalje vjeruju u svoje stavove?

Pitalac: Amma, izbjegavaš odgovoriti na moje pitanje.

Amma: A ti kćeri pokušavaš dobiti od Amme odgovor kakav priželjkuješ.

Pitalac: (smijući se) U redu, Amma, željela bih znati je li ateizam samo intelektualna praksa ili postoji kakav smisao u tome što oni govore.

Amma: Smisao i besmislenost ovise o vašem shvaćanju. Ateisti snažno vjeruju da ne postoji najviša snaga ili Bog. Međutim, neki od njih to govore u javnosti iako su u sebi vjernici.

Ne postoji ništa posebno u takvim intelektualnim praksama. Intelektualno snažna osoba može naizgled dokazati ili osporiti postojanje Boga. Ateizam se bazira na logici. Kako mogu intelektualne prakse dokazati ili osporiti Boga koji daleko nadilazi područje intelekta?

Pitalac: Dakle, Amma, govoriš da je njihovo stajalište spram Boga neispravno, zar ne?

Amma: Tko god imao takvo gledište, ono je neispravno, jer se na Boga ne može gledati s nekog određenog gledišta. Bog se pokazuje samo kada sva gledišta nestanu. Intelektualna logika može se koristiti kako bi se nešto potvrdilo ili opovrglo. No, to ne mora uvijek biti istina.

Pretpostavimo da kažeš: "Osoba „A" nema ništa u svojim rukama. Osoba „B" također nema ništa u svojim rukama. Ništa ne vidim niti u rukama osobe "C". Dakle, nitko nema ništa u svojim rukama." To je logično i zvuči točno, ali je li tako? Intelektualni zaključci su slični.

Suvremeni ateisti troše mnogo vremena pokušavajući dokazati nepostojanje Boga. Ako su nepokolebljivi u svom uvjerenju, zašto su tako zabrinuti? Umjesto angažiranja u destruktivnim intelektualnim argumentiranjima, oni bi trebali činiti nešto korisno za društvo.

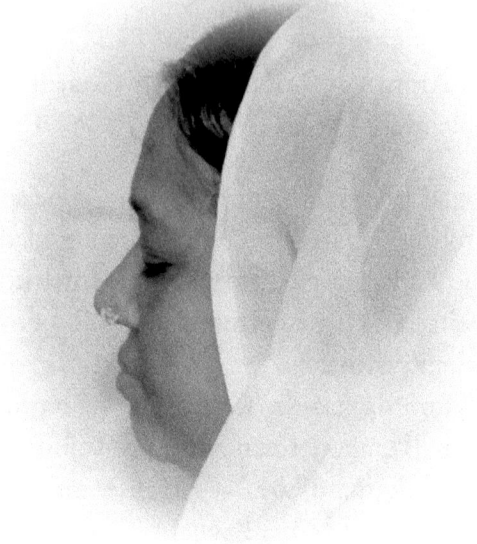

Mir

Pitalac: Što je, prema Amminim riječima, mir?

Amma: Misliš li na unutarnji ili vanjski mir?

Pitalac: Željela bih znati što je pravi mir.

Amma: Kćeri, reci Ammi svoju verziju pravog mira.

Pitalac: Mislim da je mir radost.

Amma: Ali što je prava radost? Je li to nešto što postižeš ispunjavanjem svojih želja ili imaš neko drugačije objašnjenje za to?

142

Pitalac: *Hmm...* To je raspoloženje koje se javlja kada su želje ispunjene, zar ne?

Amma: Ali takvo će radosno raspoloženje uskoro nestati. Osjećaš se radosno nakon ispunjenja određene želje. No, vrlo brzo će se pojaviti slijedeća želja i uskoro ćeš krenuti u njeno ispunjenje. Nema kraja tom procesu, zar ne?

Pitalac: To je istina. Prema tome, je li osjećaj unutarnje radosti prava radost?

Amma: U redu, no kako je to kada se iznutra osjećaš sretno?

Pitalac: (smijući se) Pokušavaš me stjerati u kut.

Amma: Ne, približavamo se odgovoru koji ti je potreban. Hajde, kćeri, kako je moguće iznutra osjećati radost ako um nije miran? Ili misliš da je pravi mir osjećaj mira i sabranosti prilikom jedenja čokolade i sladoleda?

Pitalac: (smijući se) Oh, ne, Ti me zadirkuješ.

Amma: Ne, kćeri, Amma je ozbiljna.

Pitalac: (zamišljeno) To nije niti mir niti radost. To je samo neka vrsta uzbuđenja i opčinjenosti.

Amma: Traje li dugo taj osjećaj opčinjenosti?

Pitalac: Ne, on dođe i prođe.

Amma: Reci sada Ammi, može li se osjećaj koji dolazi i odlazi nazvati stvarnim ili stalnim?

Pitalac: Zapravo, ne može.

Amma: Kako to onda nazivaš?

Pitalac: To što dolazi i odlazi se obično naziva „privremeno" i „prolazno".

Amma: Kao što si rekla, dopusti da te Amma upita: postoji li neki trenutak u tvom životu u kojem si doživjela mir bez nekog posebnog razloga?

Pitalac: (nakon kratkog razmišljanja) Da, jednom kada sam sjedila u dvorištu svoje kuće, gledajući suton. To je ispunilo moje srce nepoznatom radošću. U tom lijepom trenutku jednostavno sam skliznula u stanje bez misli i u sebi sam osjećala veliki mir i radost. Vraćajući se u taj trenutak, napisala sam čak i pjesmu opisujući to iskustvo.

Amma: To je odgovor na tvoje pitanje. Mir nastaje kada je um miran, s manje misli. Manje misli znači više mira, a više misli znači manje mira.

Mir ili radost koji se dogode bez razloga, stvarni su mir i radost. Mir i radost su sinonimi. Što ste otvoreniji, osjećate više mira ili radosti i obrnuto. Sve dok u određenoj mjeri ne ovladate umom, pravi mir ćete teško ostvariti.

Pronalazak izvanjskog mira postiže se pronalaskom unutarnjeg mira. I jedan i drugi mir istovremeno se postižu.

Pitalac: Amma, kako bi opisala mir s duhovnog gledišta?

Amma: Ne postoji razlika između duhovnog i svjetovnog mira. Baš kao što je ljubav samo jedna, mir je isto tako samo jedan. No, postoji razlika u stupnjevima. Oni ovise o tome koliko duboko zaranjate. Promatrajte um kao jezero; misli su valovi na jezeru. Svaka misao ili pokret ili uznemirenost je poput kamena bačenog u jezero koji stvara bezbroj malih valova. Meditativan um će postati poput plutajućeg lotosovog cvijeta na tom jezeru. Valovi misli će uvijek biti tamo, ali lotos je nepromijenjen. On će samo plutati.

"Ostavi me na miru! Želim mir!". To često čujete, ponekad usred svađe ili kada je nekom dosta druge osobe ili situacije. No, može li se tako ostvariti mir? I da ostavite tu osobu na miru, ona neće osjetiti nikakav mir niti će ikada stvarno biti sama. Iza zatvorenih vrata svoje sobe, ona će sjesti i razmišljati o svemu što se dogodilo, u njoj će i dalje kipjeti. Ona će ponovno biti u svijetu uznemirujućih misli. Stvarni mir je duboki osjećaj koji doslovno obuzme srce kad ste slobodni od misli iz prošlosti.

Mir nije suprotnost nemiru. On je odsutnost nemira. To je potpuno opušteno i mirno stanje.

Najveća životna lekcija

Pitalac: Koja je najveća lekcija koju bi čovjek trebao naučiti u životu?

Amma: Biti vezan za svijet sa stavom nevezanosti.

Pitalac: Kako vezanost i nevezanost idu skupa?

Amma: Vezuj se i odvezuj koliko želiš – djeluj, onda pusti i idi dalje… djeluj ponovo, onda pusti i idi dalje. Dodatna prtljaga će otežati tvoje putovanje, zar ne? Isto tako, dodatna prtljaga nesređenih snova, želja i vezanosti će vam život učiniti izrazito jadnim.

Čak su i veliki carevi, diktatori i vladari strašno patili na kraju života zato što su kroz život nosili veliku dodatnu prtljagu. Tada ti ništa osim nevezanosti neće donijeti mir uma.

Aleksandar je bio veliki ratnik i vladar koji je osvojio skoro trećinu svijeta. Želio je biti car cijelog svijeta, no bio je poražen u bitci te se razbolio od neizlječive bolesti. Nekoliko dana prije smrti, Aleksandar je pozvao svoje ministre i objasnio im kako želi biti pokopan. Rekao je da želi otvore s obje strane lijesa, kroz koje će njegove ruke visjeti iz lijesa sa otvorenim dlanovima prema gore. Ministri su ga pitali zašto želi da bude tako. Aleksandar je rekao da će tako svi koji će doći, moći vidjeti da je veliki Aleksandar, koji je cijeli svoj život pokušavao posjedovati i pokoriti svijet, oti-šao potpuno praznih ruku. Tako će razumjeti kako je uzaludno potrošiti cijeli život jureći za svijetom i njegovim predmetima.

Nakon svega, na kraju ništa ne možete uzeti sa sobom, čak ni svoje tijelo. Stoga, koja je korist od pretjerane vezanosti?

Umjetnost i glazba

Pitalac: Amma, kao umjetnik, glazbenik, volio bih znati kakav bi stav trebao imati prema svom zanimanju i kako da najbolje izrazim svoj glazbeni talent?

Amma: Umjetnost je Božja ljepota manifestirana u obliku glazbe, slikanja, plesa i tako dalje. To je jedan od najlakših načina da se spozna čovjekova urođena božanskost.

Postoje mnogi sveci koji su pronašli Boga kroz glazbu. Dakle, ti si posebno blagoslovljen što si glazbenik. Što se tiče tvog stava prema tvom zanimanju, budi početnik, dijete pred Bogom, pred božanskim. To će ti omogućiti da dotakneš beskonačne mogućnosti svog uma. A to će ti pak pomoći da očituješ sve više i više svog glazbenog talenta na puno dublji način.

Pitalac: Ali, Amma, kako biti dijete, početnik?

Amma: Već samim prihvaćanjem i prepoznavanjem svog neznanja automatski ćeš postati početnik.

Pitalac: Razumijem, ali ja nisam u potpunom neznanju.

Amma: Koliko vježbaš?

Pitalac: Studirao sam glazbu šest godina i nastupam posljednjih 14 godina.

Amma: Koliko je velik prostor?

Pitalac: (zvuči pomalo zbunjeno) Ne razumijem Tvoje pitanje.

Amma: (smijući se) Ne razumiješ pitanje jer ne razumiješ što je zapravo prostor, zar ne?

Pitalac: (sliježući ramenima) Možda.

Amma: Možda?

Pitalac: Ali u čemu je povezanost mog pitanja i Tvog pitanja „Koliko je velik prostor?"

Amma: Postoji povezanost. Savršena glazba velika je kao i prostor. To je Bog. To je čisto znanje. To je tajna dopuštanja savršenom zvuku svemira da teče kroz tebe. Ne možeš naučiti glazbu u 20 godina. Možda možeš pjevati posljednjih 20 godina, ali potpuno razumjeti glazbu znači spoznati glazbu kao vlastito Sebstvo. Da bi spoznao glazbu kao vlastito Sebstvo, moraš joj dopustiti da te u potpunosti posjeduje. Kako bi sve više glazbe ispunjavalo tvoje srce, moraš iznutra stvoriti što više prostora. Više misli znači manje prostora. Sada kontempliraj o ovome: "Koliko prostora imam u sebi da bi kroz njega mogla teći savršena glazba?"

Ako stvarno želiš izraziti sve više svog glazbenog talenta, smanji količinu nepotrebnih misli i tako dopusti stvaranje više prostora kojim će energija glazbe protjecati kroz tebe.

Izvor ljubavi

Pitalac: Amma, kako da čovjek nauči imati čistu, nevinu ljubav koju Ti spominješ?

Amma: Možete učiti samo o nečemu što vam je nepoznato. No, ljubav je vaša istinska priroda. Unutar vas je izvor ljubavi. Priključite se na taj izvor na pravi način i *shakti* [energija] božanske ljubavi ispuniti će vaše srce i beskrajno se unutar vas proširiti. Ne možete učiniti «nešto» da se to dogodi; jedino što možete je zauzeti ispravan stav unutar sebe, kako bi se to dogodilo.

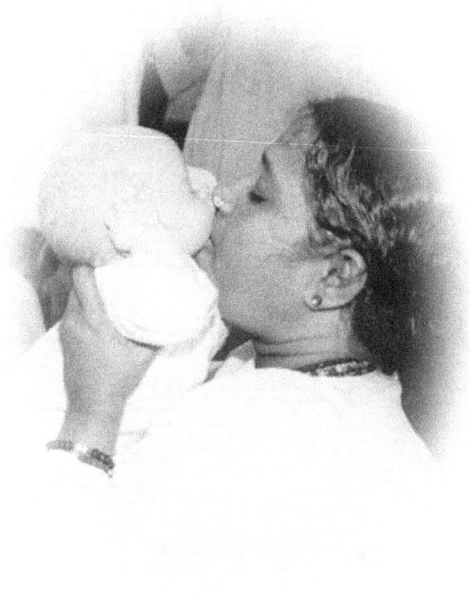

Zašto grliš?

Pitalac: Amma, Ti sve grliš. Tko grli Tebe?

Amma: Cijela kreacija grli Ammu. U stvarnosti, Amma i kreacija su u vječnom zagrljaju.

Pitalac: Amma, zašto grliš ljude?

Amma: Pita li se rijeku: "Zašto tečeš?"

Svaki trenutak je dragocjena pouka

Jutarnji *darshan* je u tijeku. Amma je upravo završila s odgovorima na pitanja Svoje djece - bio je to dugi red. S dubokim uzdahom sam se namjeravao odmoriti, kada mi je iznenada pristupio poklonik i pružio mi papirić. Na njemu je bilo još jedno pitanje. Da budem iskren, bio sam malo ozlovoljen. Međutim, uzeo sam njegov papirić i upitao: "Možete li pričekati do sutra? Za ovo jutro smo završili."

Rekao je: "Ovo je važno. Zašto odmah ne pitate?„ Mislio sam ili možda zamišljao da je zahtjevan.

"Moram li vam objašnjavati?", uzvratio sam.

On nije odustajao. "Niste to dužni, ali zašto ne pitate Ammu? Možda je Amma voljna odgovoriti na moje pitanje."

U tom sam ga trenutku ignorirao i pogledao u drugom smjeru. Amma je davala *darshan*. Naša se rasprava odvijala iza *darshan* stolice. Obojica smo govorili tiho, ali odlučno.

Odjednom se Amma okrenula i upitala me: "Jesi li umoran? Jesi li pospan? Jesi li jeo?" Bio sam zapanjen i istovremeno posramljen zato što je načula naš razgovor. U stvari sam bio budalast. Trebao sam znati. Iako je Amma davala *darshan* i iako smo govorili tiho, Njene oči, uši i cijelo tijelo sve vidi, čuje i osjeća.

Amma je nastavila: "Ako si umoran, odmori se, ali prvo uzmi pitanje od ovog sina. Nauči biti obziran. Nemoj biti opsjednut s onim što ti osjećaš da je ispravno."

Ispričao sam se tom čovjeku i uzeo njegovo pitanje. Amma je s ljubavlju riješila njegov problem i čovjek je otišao zadovoljan. Naravno, pitanje je bilo važno, kako je i rekao.

Nakon što je otišao, Amma je rekla: "Gledaj sine moj, kada reagiraš na nekoga, onda si ti u krivu i najvjerojatnije je on u pravu. U boljem je položaju onaj čiji je um mirniji te jasnije vidi situaciju. Reakcije te čine slijepim. Tvoj reaktivni stav ne pomaže ti vidjeti druge ili razmotriti njihove osjećaje.

"Prije reakcije na određenu situaciju, možeš li se zaustaviti i reći drugoj osobi: 'Daj mi malo vremena prije nego što ti odgovorim. Dopusti da razmislim o tome što si rekao. Ti si možda u pravu, a ja nisam.'? Ako to imaš hrabrosti reći, onda barem razmatraš osjećaje druge osobe. To će spriječiti mnoge neugodne događaje koji bi se kasnije mogli dogoditi."

Bio sam svjedok još jedne neprocjenjive pouke Velikog Učitelja. Primio sam lekciju o poniznosti.

Razumjeti Prosvijetljeno biće

Pitalac: Je li moguće našim umom razumjeti Mahatmu?

Amma: Prije svega, Mahatmu ne možete razumjeti. Prosvijetljeno biće moguće je jedino iskustveno doživjeti. Kolebljiva i sumnjičava priroda uma ne može doživjeti ništa onako kako zaista jest, čak ni u slučaju svjetovnih predmeta. Na primjer, ako želite doista doživjeti cvijet, um se zaustavlja i počinje djelovanje nečeg što nadrasta um.

Pitalac: Amma, kažeš „um se zaustavlja i počinje djelovanje nečeg što nadrasta um." Što je to?

Amma: Nazovite to srcem, no to je stanje privremene duboke tišine - mirnoće uma, zaustavljenog tijeka misli.

Pitalac: Amma, kada kažeš "um", na što zapravo misliš? Odnosi li se to samo na misli ili i na nešto drugo?

Amma: Um uključuje memoriju koja je skladište prošlosti, razmišljanja, sumnjanja, određivanja i osjećaja „Ja".

Pitalac: Što je sa svim emocijama?

Amma: One su isto dio uma.

Pitalac: U redu, znači, kada kažeš „um ne može razumjeti Mahatmu", misliš da ovaj složeni mehanizam ne može poznavati stanje u kojem se nalazi Mahatma.

Amma: Da. Ljudski je um toliko nepredvidljiv i lukav. Najvažnije je da tražitelj Istine zna da ne može prepoznati *Satgurua* [Istinski Učitelj]. Ne postoje kriteriji za to. Pijanac može prepoznati drugog pijanca. Isto tako dva će kockara razumjeti jedan drugoga. Jedan škrtac može prepoznati drugog škrtca. Svi su oni podjednakih mentalnih sposobnosti. No, ne postoje takvi kriteriji pomoću kojih bi se prepoznao *Satguru*. Ni vaše vanjske oči ni vaš um ne mogu opaziti veliko biće. Za to je potrebna posebna uvježbanost. Potrebna je *sadhana* [duhovna praksa]. Samo postojana *sadhana* pomoći će vam da steknete moć prodiranja ispod površine uma. Jednom kada zaronite ispod površine uma, suočit ćete se s bezbrojnim slojevima emocija i misli. Pri prolasku kroz sve te zapetljane i suptilne razine uma, kao i za njihovo nadilaženje, *sadhaku* [duhovni aspirant] je potrebno kontinuirano vodstvo *Satgurua*. Ulaženje u dublje razine uma, prolaženje kroz različite slojeve i uspješno izlaženje iz njih, poznato je kao *tapas* [stroga disciplina]. To je, uključujući i konačnu transcendenciju, moguće jedino uz bezuvjetnu milost *Satgurua*.

Um uvijek ima očekivanja. Očekivanje je sama bit uma. Mahatma neće udovoljavati očekivanjima i željama uma. Kako bi iskusili Učiteljevu čistu svijest, ovakva priroda uma mora nestati.

Amma, neiscrpna energija

Pitalac: Amma, poželiš li ikada prestati raditi ovo što radiš?

Amma: To što Amma radi nije posao. To je bogoštovlje. Postoji samo čista ljubav u bogoštovlju. Dakle, to nije posao. Amma štuje Svoju djecu kao Boga. Djeco, svi ste vi Ammin Bog.

Ljubav nije složena. Ona je jednostavna, spontana i, štoviše, vaša suštinska priroda. Dakle, to nije posao. Za Ammu je ovaj način osobnog grljenja Njene djece, najjednostavniji način izražavanja Njene ljubavi prema njima i cijeloj kreaciji. Rad je naporan i rasipa vašu energiju, no ljubav nikada ne može biti zamorna i dosadna. Naprotiv, ona ispunjava srce sa sve više energije. Čista te ljubav čini lakim poput cvijeta. Ne osjećate nikakvu težinu ili teret. Ego stvara teret.

Sunce nikada ne prestaje sjati; vjetar također nastavlja neprekidno puhati; a rijeka nikada ne prestaje teći te oni ne govore: "Sad je dosta! Radio sam isti posao stoljećima; sada je vrijeme za promjenu." Ne, oni se nikada ne mogu zaustaviti. Oni će trajati tako dugo dok traje i svijet, jer je to njihova priroda. Isto tako, Amma ne može prestati davati ljubav Svojoj djeci, jer Njoj nikada ne dosadi voljeti Svoju djecu.

Dosada se javlja samo kada nema ljubavi. Tada želite promjenu, mijenjanje jednog mjesta za drugo, jednog predmeta za drugi. No, dosada se ne javlja kad je prisutna ljubav. Tada sve ostaje vječno novo i svježe. Međutim, za Ammu je sadašnji trenutak puno važniji od onoga što treba učiniti sutra.

Pitalac: Znači li to da ćeš nastaviti davati *darshan* u godinama koje dolaze?

Amma: Dokle god se ove ruke mogu imalo pomaknuti i ispružiti k onima koji su došli k Njoj i dok god postoji imalo snage i energije da stavi ruke na rame uplakane osobe i pomiluje i obriše njene suze, Amma će nastaviti davati *darshan*. Ammina je želja nastaviti ljubavlju milovati ljude, tješiti ih i brisati njihove suze do kraja ovog smrtnog tijela.

Amma daje *darshan* posljednjih 40 godina. Milošću *Paramatmana* [Vrhovna Duša], Amma nije dosad morala otkazati ni jedan *darshan* ili program zbog bilo koje fizičke tegobe. Amma ne brine o slijedećem trenutku. Ljubav je u sadašnjosti, sreća je u sadašnjosti, Bog je u sadašnjosti i prosvjetljenje je isto u sadašnjosti. Dakle, zašto nepotrebno brinuti o budućnosti? Ono što se sada događa važnije je od onoga što će se dogoditi. Kad je sadašnjost tako lijepa i tako puna, zašto brinuti o budućnosti? Dopustite budućnosti da se sama razvije iz sadašnjosti.

Izgubljen sin je pronađen

D r. Jaggu živi u Amminom *ashramu* u Indiji. Nedavno mu je obitelj dala novac da otputuje s Ammom u Europu. Dobio je vizu prekasno, tako da su Amma i Njena grupa otputovali iz Indije bez njega. Međutim, svi smo bili sretni jer nam se Jaggu trebao pridružiti u Antwerpenu u Belgiji.

Bilo je to Jagguovo prvo putovanje van Indije. Nikada prije nije putovao zrakoplovom. Zato smo poduzeli sve kako bi ga na vrijeme dočekali u zračnoj luci. Poklonici koji su došli po njega automobilom, čekali su ga ispred zračne luke, ali Jaggu nije izlazio. Iz zračne smo luke dobili potvrdu da je putnik imenom Jaggu bio na letu iz Londona-Heathrow. Rekli su da je sletio u briselsku međunarodnu zračnu luku oko 16 sati. Nismo mogli dobiti nikakve informacije što je bilo s njim nakon što je sletio.

Uz pomoć radnika zračne luke, lokalni su poklonici detaljno pretražili zračnu luku ne bi li ga pronašli. Preko sustava oglašavanja nekoliko puta je oglašeno njegovo ime. Nije bilo apsolutno nikakvog odgovora, a nije mu ni nigdje bilo ikakvog traga.

Na kraju su svi povjerovali da se dr. Jaggu negdje izgubio – ili u velikoj zračnoj luci ili u Brusselu, u očajničkom nastojanju da nekako dođe do mjesta održavanja programa.

U međuvremenu je Amma mirno sjedila usred grupe koja ju je pratila na turneji i blaženo vježbala neke nove bhajane. Kako su svi bili pomalo zabrinuti i nemirni zbog Jagguovog neočekivanog nestanka, tu sam vijest rekao Ammi usred pjevanja. Očekivao sam da će izraziti majčinsku zabrinutost. No, na moje čuđenje, Amma se okrenula i jednostavno rekla: "Hajde, pjevaj sljedeću pjesmu."

Meni je to bio pozitivan znak. Vidjevši kako je Amma zadržala hladnokrvnost, rekao sam bhaktama: "Mislim da je Jaggu potpuno siguran, jer Amma je tako mirna. Da postoji ikakav problem, pokazala bi veće zanimanje."

Samo nekoliko minuta kasnije, pojavio se Brahmacari Dayamrita i izjavio: "Jaggu se upravo pojavio na ulaznim vratima." Gotovo istovremeno je dr. Jaggu ušao u zgradu s velikim osmijehom na svom sitnom licu.

Međutim, prema pomalo pustolovnoj priči koju je pripovijedao Jaggu, on se zaista izgubio. Rekao je: "Po izlasku iz zračne luke, nikoga nije bilo. Nisam znao što učiniti. Iako sam bio malo zabrinut, jako sam vjerovao da će Amma poslati nekoga da me spasi iz te meni potpuno nepoznate situacije. Srećom sam imao adresu mjesta održavanja programa. Jedan mi se par smilovao i pomogao mi je doći ovamo."

Amma je rekla: "Amma je vrlo dobro znala da si ti dobro i da ćeš znati doći ovamo. Zato je Amma ostala mirna kad su joj rekli da si nestao."

Kasnije te večeri pitao sam Ammu kako je znala da je Jaggu siguran. Rekla je: "Amma je jednostavno znala."

"Ali kako?" Bio sam znatiželjan.

Amma je rekla: "Baš kao što ti vidiš svoj vlastiti odraz u zrcalu, Amma je vidjela da je on siguran."

Pitao sam: "Jesi li vidjela da Jaggu dobiva pomoć ili si inspirirala par da mu pomogne?" Amma nije željela ništa više reći o tome, iako sam još nekoliko puta pokušavao to saznati.

Nasilje

Pitalac: Amma, može li se nasiljem i ratom ikada postići mir?

Amma: Rat nikada ne može poslužiti kao sredstvo za postizanje mira. To je čista istina koju pokazuje povijest. Ako se promjena ne dogodi u svijesti čovjeka, mir će ostati nedostižan. Samo će duhovno razmišljanje i življenje donijeti tu preobrazbu. Stoga, ratovanjem nikada nećete moći ispraviti određenu situaciju.

Mir i nasilje su suprotnosti. Nasilje je snažna reakcija, a ne odgovor. Reakcija potiče nove reakcije. Ovo je jednostavna logika. Amma je čula da je u Engleskoj postojao svojevrstan način kažnjavanja lopova. Nakon što su doveli krivca na raskršće, golog su lopova šibali pred mnoštvom okupljenih. Cilj je bio da cijeli grad zna za oštru kaznu koju će dobiti onaj tko počini zločin. Međutim, ubrzo su morali promijeniti ovaj pristup jer su spomenuti događaji stvorili prekrasnu priliku za džepare, koji su iskoristili to vrijeme da isprazne džepove ljudi zaokupljenih scenom kažnjavanja. Sama kazna je postala plodno tlo za kriminal.

Pitalac: Znači li to da kazne nisu potrebne?

Amma: Ne, ne, nikako. Kako većina ljudi ne zna kako koristiti slobodu na način da unapređuje društvo, određena količina straha - "Bit ću kažnjen ako se ne pridržavam zakona" – je dobra. Međutim, odabir nasilja i rata kako bi se došlo do mira i harmonije u društvu, neće imati dugotrajan učinak. To je jednostavno tako zato što nasilje stvara duboke rane i povrjeđuje osjećaje u kolektivnom umu te će to stvoriti jače nasilje i sukob u kasnijoj fazi.

Pitalac: Što je onda rješenje?

Amma: Učinite sve što možete kako biste proširili svoju individualnu svijest. Samo proširena svijest je sposobna za istinsko razumijevanje. Samo takvi ljudi bit će u mogućnosti promijeniti društvenu perspektivu. To je razlog zašto je duhovnost tako važna u današnjem svijetu.

Problem je neznanje

Pitalac: Postoji li razlika između problema ljudi u Indiji i na Zapadu?

Amma: S vanjske točke gledišta, problemi ljudi u Indiji i na Zapadu su različiti. Međutim, temeljni problem, korijen svih problema svugdje u svijetu, je isti. To je neznanje, neznanje o *Atmanu* [Sebstvo], o vašoj suštinskoj prirodi.

Previše brige o fizičkoj sigurnosti i premalo brige o duhovnoj sigurnosti, glavno je obilježje današnjeg svijeta. Ovo težište treba promijeniti. Amma ne kaže da ljudi ne trebaju voditi brigu o svom tijelu i fizičkoj egzistenciji. Ne, to nije poanta. Međutim, osnovni problem je zbunjenost oko onoga što je trajno, a što prolazno. Netrajnom, odnosno tijelu, daje se previše važnosti, dok se trajno, odnosno Atman, potpuno zaboravlja. Ovakav stav treba promijeniti.

Pitalac: Vidiš li mogućnost za promjenu našeg društva?

Amma: Mogućnosti uvijek postoje. Značajnije je pitanje jesu li se društvo i pojedinci spremni promijeniti.

U razredu svi učenici imaju istu priliku. Međutim, koliko učenik uči ovisi o njegovoj ili njenoj prijemčivosti.

U današnjem svijetu svatko najprije želi promijeniti druge. Teško je pronaći ljude koji iskreno osjećaju da se oni sami trebaju promijeniti. Umjesto razmišljanja da se najprije drugi trebaju promijeniti, svaki pojedinac treba težiti vlastitoj promjeni. Ako se preobrazba ne odvije u unutarnjem svijetu, stvari će ostati više ili manje iste i u vanjskom svijetu.

Tumačenje poniznosti

Pokloniku koji je postavio pitanje o poniznosti:

Amma: Obično kada kažete "Ta je osoba tako ponizna", to jednostavno znači "On je podržao moj ego i pomogao mi da ga ne ozlijedim. Želio sam da napravi nešto za mene i on je to učinio bez ikakvog prigovora. Dakle, on je tako ponizna osoba." To znači ta izjava. Međutim, u trenutku kada "ponizna osoba" progovori i posumnja u vas, čak i ako je to s dobrim razlogom, vaše se mišljenje mijenja. Tada ćete reći: "Nije tako ponizan kao što sam mislio." A pokazatelj toga jest da je "On povrijedio moj ego i zato nije tako ponizan."

Jesmo li posebni?

Reporter: Amma, misliš li da su ljudi ove zemlje posebni?

Amma: Što se Amme tiče, cijeli ljudski rod, cijela kreacija je vrlo posebna, jer je Bog u svima. Amma i ovdje vidi božanskost u ljudima. Dakle, svi ste vi posebni.

Samopomoć ili samopomoć

Pitalac: Metode i knjige o samopomoći postale su vrlo popularne u zapadnom društvu. Amma, možeš li, molim te, dati svoje mišljenje o tome?

Amma: Sve ovisi o tome kako netko tumači pojam samopomoći.

Pitalac: Što time misliš?

Amma: Je li to Samopomoć ili samopomoć?

Pitalac: U čemu je razlika?

Amma: Prava Samopomoć je pomaganje tvojem srcu da procvjeta; dok je samopomoć jačanje ega.

Pitalac: Što onda predlažeš, Amma?

Amma: Amma bi rekla: „Prihvati Istinu".

Pitalac: Ne razumijem.

Amma: To je ono što ego radi. Ne želi ti dozvoliti da prihvatiš Istinu ili da išta razumiješ na ispravan način.

Pitalac: Kako da vidim Istinu?

Amma: Da bi vidio Istinu, najprije trebaš vidjeti ono što je lažno.

Pitalac: Je li ego zaista iluzija?

Amma: Hoćeš li to prihvatiti ako Amma tako kaže?

Pitalac: *Hmm...* ako Ti želiš.

Amma: (smijući se) Ako *Amma* želi? Pitanje je želiš li *ti* čuti i prihvatiti Istinu?

Pitalac: Da, želim čuti i prihvatiti Istinu.

Amma: Onda, Istina je Bog.

Pitalac: To znači da je ego nestvaran; zar ne?

Amma: Ego je nestvaran. On je problem u tebi.

Pitalac: Znači, svatko nosi taj problem sa sobom gdje god išao.

Amma: Da, ljudi postaju mobilni problemi.

Pitalac: Koji je onda slijedeći korak?

Amma: Želiš li jačati ego, onda pomogni sebi biti jačim. No, želiš li pomoći Sebstvu, potraži Božju pomoć.

Pitalac: Mnogi ljudi se boje izgubiti svoj ego. Misle da je on osnova njihovog postojanja u svijetu.

Amma: Ako zaista želiš tražiti Božju pomoć kako bi pronašao istinskog Sebe, tada se ne trebaš bojati gubitka svog ega, malog sebe.

Pitalac: No, jačanjem ega, stječemo svjetovne dobitke, koji su izravna, neposredna iskustva. Nasuprot tome, gubljenjem našeg ega, iskustva nisu toliko izravna i neposredna.

Amma: Zato je vjera toliko važna na putu do istinskog Sebstva. Kako bi sve funkcioniralo kako treba i dalo ispravne rezultate, potrebno je uspostaviti pravi kontakt te biti povezan s pravim izvorom. Što se tiče duhovnosti, točka kontakta i izvor su unutra. Dotaknite tu točku i imat ćete izravno i neposredno iskustvo.

Ego je samo maleni plamen

Amma: Ego je samo vrlo maleni plamen koji može utrnuti u bilo kojem trenutku.

Pitalac: Kako bi opisala ego u ovom kontekstu?

Amma: Sve što stječete - ime, ugled, novac, moć, poziciju – ne opskrbljuje gorivom ništa drugo osim malog plamena ega, koji može utrnuti u bilo kojem trenutku. Čak su i tijelo i um dijelovi ega. Oni su u svojoj prirodi nepostojani; zato su i oni dio ovog beznačajnog plamena.

Pitalac: Ali, Amma, oni su značajni običnom ljudskom biću.

Amma: Naravno da su značajni, no ne znači da su postojani. Oni su nevažni zato što su nepostojani. Možete ih izgubiti u bilo kojem trenutku. Vrijeme će ih oteti bez prethodnog upozorenja. U redu je koristiti ih i uživati u njima, no smatrati ih postojanima, krivo je shvaćanje. Drugim riječima, shvatite da su prolazni i nemojte biti previše ponosni na njih.

Izgradnja unutarnje povezanosti s postojanim i nepromjenljivim, s Bogom ili sa Sebstvom, najvažnija je stvar u životu. Bog je izvor, stvarni centar vaših života i postojanja. Sve ostalo je periferija. Prava pomoć Sebstva događa se samo kada uspostavite vezu s Bogom, pravim *bindu* [centar], a ne vezu s periferijom.

Pitalac: Amma, dobivamo li išta gašenjem tog malenog plamena ega? Zapravo bismo mogli izgubiti svoj identitet kao individue.

Amma: Naravno da ćete gašenjem tog malenog plamena ega izgubiti svoj identitet malih, ograničenih individua. Međutim, to je potpuno nevažno u usporedbi s onim što dobivate tim očiglednim gubitkom, a to je sunce čistog znanja, neugasivo svjetlo. Osim toga, gubeći identitet malog, ograničenog sebe, postajete jedno s većim od najvećih, univerzumom, neuvjetovanom svjesnošću. Kako bi se ovo iskustvo moglo dogoditi, potrebno vam je stalno vodstvo *Satgurua* [Istinski Učitelj].

Pitalac: Gubitak mog identiteta! Nije li to zastrašujuće iskustvo?

Amma: To je samo gubitak čovjekovog malog sebstva. Vaše istinsko Sebstvo nikada ne možete izgubiti. Gubitak je zastrašujući zato što ste strahovito poistovjećeni sa svojim egom. Što je veći ego, uplašeniji ste i ranjiviji.

Vijesti

Novinar: Amma, kakvo je Tvoje mišljenje o vijestima i medijima koji ih prenose?

Amma: Vrlo dobro, ako ispunjavaju svoje obaveze prema društvu pošteno i istinito. Tada oni uistinu služe ljudima.

Amma je čula priču: Jednom je grupa muškaraca poslana u šumu da tamo rade godinu dana. Dvije su žene bile zadužene da im kuhaju. Krajem ugovornog perioda, dva su radnika iz grupe oženila te dvije žene. Slijedećeg dana su novine prenijele vijest: „Dva posto muškaraca oženilo sto posto žena!"

Novinar je uživao u priči i dobro se nasmijao.

Amma: Ovakvo izvješćivanje je u redu ako je u svrhu humora, ali nije za čestito izvješćivanje.

Čokoladni poljubac i treće oko

Jedan je poklonik zadrijemao pokušavajući meditirati. Amma mu je bacila slatkiš Čokoladni poljubac. Savršeno je naciljala. Čokolada ga je pogodila točno na mjesto između obrva. Čovjek je polako otvorio oči. Sa čokoladom u rukama, gledao je uokolo kako bi otkrio odakle se stvorila. Vidjevši čovjekovu zbunjenost, Amma je prasnula u smijeh. Kada je shvatio da mu je Amma bacila čokoladu, lice mu se ozarilo. Približio je čokoladu svome čelu, kao da joj se klanja. No, u slijedećem trenutku se glasno nasmijao te ustao i krenuo prema Ammi.

Pitalac: Čokolada je pogodila pravo mjesto, duhovni centar između obrva. Možda će mi to pomoći otvoriti treće oko.

Amma: Neće.

Pitalac: Zašto?

Amma: Zato što si rekao „možda", što znači da sumnjaš. Tvoja vjera nije potpuna. Kako se to može dogoditi ako nemaš vjere?

Pitalac: Znači, kažeš da bi se to dogodilo da u potpunosti vjerujem u to?

Amma: Da. Ako imaš potpunu vjeru, spoznaja se može dogoditi u bilo kojem trenutku, bilo gdje.

Pitalac: Misliš li ozbiljno?

Amma: Da, naravno.

Pitalac: O, moj Bože... jesam li propustio veliku priliku!

Amma: Nemoj brinuti, budi svjestan i budi budan. Prilika će ponovo doći. Budi strpljiv i nastavi raditi.

Čovjek je izgledao pomalo razočarano i okrenuo se kako bi se vratio natrag na svoje mjesto.

Amma: (lupkajući ga po leđima) Usput, zašto si se glasno nasmijao?

Čuvši to pitanje poklonik je još jednom prasnuo u smijeh.

Pitalac: Kako sam zadrijemao tijekom meditacije, imao sam prekrasan san. Vidio sam kako mi bacaš čokoladni poljubac da bi me probudila. Najednom sam se probudio. Trebalo mi je neko vrijeme kako bih shvatio da si me zaista pogodila čokoladnim poljupcem.

Amma i svi poklonici koji su sjedili oko Nje prasnuli su u smijeh.

Priroda prosvjetljenja

Pitalac: Postoji li nešto zbog čega si posebno zadovoljna ili zabrinuta?

Amma: Izvanjska Amma je zabrinuta za dobrobit svoje djece. Pružajući im pomoć u duhovnom napredovanju, Ona ponekad može biti zadovoljna ili uznemirena.

Međutim, unutarnja Amma je neuznemirena i nevezana, trajno u stanju stalnog blaženstva i mira. Nije pod utjecajem ničeg što se događa izvana, jer je potpuno svjesna cjelokupne slike.

Pitalac: Krajnje stanje postojanja opisuje se s mnogo pridjeva. Na primjer: nepokolebljivo, čvrsto, stabilno, nepromjenljivo itd. Zvuči kao da je to stanje čvrsto poput kamena. Amma, molim te pomogni mi to bolje razumjeti.

Amma: Te se riječi upotrebljavaju kako bi dočarale unutarnje stanje nevezanosti, sposobnosti promatranja i bivanja svjedokom svega – zadržavanje stanja odmaka u svim životnim okolnostima.

Međutim, prosvjetljenje nije stanje neosjetljivosti poput kamena u kojem čovjek gubi sve unutarnje osjećaje. To je stanje uma, duhovnog postignuća, u koje se možete povući i ostati upijeni u njemu kada god to želite. Nakon što se priključite na beskrajan izvor energije, vaša sposobnost osjećanja i izražavanja dobiva specijalnu, vanzemaljsku ljepotu i dubinu. Ako prosvijetljena osoba to želi, može iskazati bilo koji intenzitet emocija.

Sri Rama je plakao kada je demonski kralj Ravana oteo njegovu svetu suprugu Situ. Zapravo je jadikovao poput smrtnog ljudskog bića i pitao svako stvorenje u šumi: „Jesi li vidio moju Situ? Kamo je nestala i ostavila me samog?" Krishnine oči su se ispunile suzama kada je ugledao svog dragog prijatelja Sudamu nakon podosta vremena. Sličnih slučajeva ima i u životima Krista i Buddhe. Ovi su Mahatme bili prostrani poput neograničenog svemira i zato su mogli iskazati svaku emociju koju se željeli. Oni su odražavali, a ne reagirali.

Pitalac: Oni su odražavali?

Amma: Poput ogledala, Mahatme odgovaraju na situacije savršenom spontanošću. Uzimanje hrane kada ste gladni, odgovor je na situaciju. Dok je jedenje kad god se hrana ugleda, reakcija. To je također bolest. Odgovaranje na određenu situaciju ostajući njome nedirnuti i nakon toga prelaženje u slijedeći trenutak, je to što Mahatme čine.

Osjećanje i izražavanje emocija i njihovo iskreno i bezrezervno dijeljenje samo povećava duhovnu veličanstvenost i sjaj prosvijetljene osobe. Pogrešno je to vidjeti kao slabost. Trebalo bi na to gledati kao na izražavanje njihovog suosjećanja i ljubavi na ljudima jasniji način. Kako bi inače obični ljudi razumjeli njihovu brižnost i ljubav?

Onaj koji vidi

Pitalac: Što nas priječi da iskusimo Boga?

Amma: Osjećaj različitosti.

Pitalac: Kako da to promijenimo?

Amma: Uz više svjesnosti, postajući sve svjesnijima.

Pitalac: Svjesnijima čega?

Amma: Svjesniji svega što se događa unutra i izvana.

Pitalac: Kako postajemo svjesniji?

Amma: Postajete svjesniji kada razumijete da je sve što um smišlja beznačajno.

Pitalac: Amma, sveti spisi kažu da je um inertan, no Ti kažeš da um smišlja. To zvuči proturječno. Kako um može smišljati ako je inertan?

Amma: Podjednako tako kao što ljudi, a naročito djeca, vide različite oblike na beskrajnom nebu. Gledajući nebo, djeca će reći: „Vidi, tamo je kočija, a tamo demon. Ooo! Pogledaj ovo ozareno lice božanskog bića!" i tako dalje. Znači li to da su ti oblici zaista na nebu? Ne, djeca jednostavno zamišljaju te oblike na beskrajnom nebu. U stvarnosti, oblaci predstavljaju različite oblike. Nebo, beskrajan prostor, jednostavno postoji – sva imena i oblici su nadodani.

Pitalac: Ali, ako je um inertan, kako on može išta nadodati Atmanu ili zamagliti pogled na Njega?

Amma: Iako se čini da je um taj koji vidi, onaj koji stvarno vidi je Atman. Nakupljene sklonosti koje se nalaze u umu su kao par naočala. Svaka osoba nosi različito obojene naočale. Zavisno od boje stakala, vi u skladu s njima vidite i procjenjujete svijet. Iza tih naočala Atman ostaje miran, poput svjedoka, jednostavno obasjavajući sve svojom prisutnošću. Ali vi brkate um s Atmanom. Pretpostavimo da nosite par ružičasto obojenih sunčanih naočala – ne vidite li cijeli svijet ružičasto? Tko tu zaista vidi? „Vi" ste ti koji zaista vidite, a naočale su samo inertne, zar ne?

Nećete vidjeti sunce ako stojite iza stabla. Znači li to da je drvo sposobno sakriti sunce? Ne, to jednostavno pokazuje ograničenost vaših očiju i vida. Takav je i osjećaj da um može sakriti Atmana.

Pitalac: Ako je naša priroda Atman, zašto moramo uložiti napor da bismo to spoznali?

Amma: Ljudi imaju krivo mišljenje da sve mogu postići svojim trudom. Trud je, u stvari, ponos u vama. Na vašem putovanju prema Bogu, sav trud koji proizlazi iz ega će propasti i rezultirati neuspjehom. To je u stvari božanska poruka, poruka potrebe za predajom i milosti. Ona vam u konačnici pomaže shvatiti ograničenost vaših napora, vašeg ega. Ukratko, napor vas poučava da samim naporom nećete postići ciljeve. U konačnici, odlučujući faktor je milost.

Bilo da se radi o težnji za spoznajom Boga ili za postizanjem svjetovnih želja, milost je čimbenik koji dovodi do cilja.

Nevinost je Božanska Shakti

Pitalac: Može li nevina osoba biti slaba osoba?

Amma: „Nevinost" je najčešća, krivo interpretirana riječ. Upotrebljava se čak i za opisivanje inertnih i bojažljivih ljudi. Za neupućene i neuke ljude se također misli da su nevini. Neupućenost nije nevinost. Neupućenost je manjak prave ljubavi, diskriminacije i razumijevanja, dok je prava nevinost čista ljubav obdarena razlučivanjem i razumijevanjem. To je *shakti* [božanska energija]. Čak i bojažljivi ljudi imaju ego. Istinski nevina osoba je potpuno bez ega; i to ju čini najmoćnijom osobom.

Amma ne može drugačije

A mma (jednoj poklonici tijekom darshana): O čemu razmišljaš?

Poklonica: Pitam se kako možeš sjediti tako dugo, sate i sate, s potpunim strpljenjem, sjajeći.

Amma: (smiješeći se) Kćeri, kako ti možeš stalno, bez prekida razmišljati?

Poklonica: To se samo događa. Ne mogu drugačije.

Amma: Eto, to je odgovor: to se samo događa. Amma ne može drugačije.

Poput prepoznavanja svog ljubljenog

Čovjek je pitao Ammu o odnosu ljubitelja-i-ljubljenog kod tražitelja koji slijedi put predanosti.

Amma: Ljubav se može dogoditi bilo gdje i bilo kada. To je kao kad prepoznaš svoju dragu u gomili ljudi. Vidiš je da stoji u kutu s tisućama drugih ljudi, ali tvoje oči vide nju i samo nju. Prepoznaješ ju, komuniciraš s njom i zaljubiš se, zar ne? Ne misliš – razmišljanje prestaje i najednom, za nekoliko trenutaka, ti si u srcu. Postaješ zaljubljen. Sve se događa u djeliću sekunde. Ti si upravo ondje, u centru svog srca, a to je čista ljubav.

Pitalac: Ako je to pravo središte ljubavi, što nas onda omete i udalji od te točke?

Amma: Posesivnost - drugim riječima, vezanost. Ona ubija ljepotu tog čistog iskustva. Jednom kada prevlada vezanost, vi zastranite i ljubav postane muka.

Osjećaj različitosti

Pitalac: Hoću li doživjeti *samadhi* [prosvjetljenje] u ovom životu?

Amma: Zašto ne?

Pitalac: Ako je tako, što da radim kako bih ubrzao taj proces?

Amma: Kao prvo, zaboravi na *samadhi* i usmjeri se u potpunosti i s jakom vjerom na svoju *sadhanu* [duhovnu praksu]. Istinski *sadhak* [duhovni tražitelj] više vjeruje u sadašnjost nego u budućnost. Stavite li svoju vjeru u sadašnji trenutak, sva će vaša energija biti ovdje i sada. Rezultat je predanost. Predajte se sadašnjem trenutku i to će se dogoditi.

Sve se događa spontano kada se udaljite od svog uma. Jednom kada se to dogodi, postat ćete u potpunosti uronjeni u sadašnjost. Um je "onaj drugi" u tebi. Um je taj koji stvara osjećaj različitosti.

Amma će ti ispričati priču: Jednom je živio poznati arhitekt. Imao je nekoliko studenata. S jednim od njih je imao vrlo neobičan odnos. Ne bi nastavio s radom tako dugo dok ne bi dobio suglasnost svojeg studenta. Ako student nije odobrio neki crtež ili skicu, arhitekt je odmah odustao od toga. Arhitekt bi radio skicu za skicom tako dugo dok student ne bi rekao da je dobra. Arhitekt je opsesivno tražio mišljenje svog studenta. Ne bi napravio slijedeći korak tako dugo dok student ne bi rekao: „U redu gospodine, možete nastaviti s ovim crtežom."

Jednom su bili pozvani dizajnirati vrata hrama. Arhitekt je počeo crtati različite crteže. Kao i inače, pokazao je svaki od njih svojem studentu. Student nije odobrio niti jedan. Arhitekt je tijekom dana i noći izradio stotine novih crteža. No, studentu se nije svidio niti jedan. Vrijeme je prolazilo i morali su vrlo skoro završiti. U jednom trenutku je arhitekt poslao studenta van da napuni pero tintom. Trebalo je određeno vrijeme da se student vrati. U međuvremenu je arhitekt bio zauzet izradom novog modela. Upravo kada je student ulazio u prostoriju, arhitekt je završio novi model i pokazujući ga studentu, pitao: „Je li ovaj u redu?"

„Da, taj je u redu!" odgovorio je student uzbuđeno.

„Sada znam zašto!" odgovorio je arhitekt. „Tako sam dugo bio opsjednut tvojom prisutnošću i tvojim mišljenjem. Zbog toga nisam nikada mogao biti 100 posto prisutan u tome što sam radio. Kada si izašao, bio sam slobodan, opušten i ostao sam predan tom trenutku. Zato sam uspio."

Zapravo, nije studentova prisutnost bila ta koja je ometala arhitekta već arhitektova vezanost za njegovo mišljenje. Kada se uspio udaljiti od toga, odjednom je bio u sadašnjosti, povezan s izvorom kreacije.

Misliš li da je *samadhi* nešto što se događa u budućnosti, tada samo sanjaš o tome. Tako trošiš puno *shakti* [božanska energija] sanjajući o *samadhiju*. Ispravno usmjeri tu *shakti* – upotrijebi je kako bi se usmjerio na sadašnji trenutak – i meditacija ili *samadhi* će se dogoditi sami od sebe. Cilj nije u budućnosti; on je u sadašnjosti. Biti u sadašnjosti uistinu je *samadhi* i to je istinska meditacija.

Je li Bog muško ili žensko?

Pitalac: Amma, je li Bog muško ili žensko?

Amma: Bog nije ni muško ni žensko. Bog je daleko iznad takvih ograničavajućih definicija. Bog je „To" ili „Ono." Ali ako je potrebno definirati Boga riječju "On" ili "Ona", onda Ga je bolje opisati riječju "Ona", pošto je u riječi "Ona", sadržan "On".

Pitalac: Ovaj odgovor mogao bi zasmetati muškarcima zato što ženu postavlja na povlašteni položaj.

Amma: Niti muškarce niti žene ne bi trebalo smjestiti na povlašteni položaj, jer je Bog svakome od njih namijenio dostojanstveno mjesto. Muškarci i žene nisu ovdje da bi se međusobno nadmetali, već da bi upotpunili život jedni drugima.

Pitalac: Što misliš pod „upotpunili"?

Amma: To bi značilo da pomažu jedni drugima i zajedno putuju prema savršenstvu.

Pitalac: Amma, ne misliš li da se mnogi muškarci osjećaju superiorni nad ženama.

Amma: Bilo da se radi o osjećaju „Ja sam superioran" ili „Ja sam inferioran," oba proizlaze iz ega. Ako muškarac osjeća: „Mi smo superiorni nad ženama", to samo pokazuje njegov napuhani ego, koji je zasigurno glavni uzrok slabosti te je kao takav destruktivan. Na isti način, ako žene misle da su inferiorne prema muškarcima, to jednostavno znači: „Trenutačno smo inferiorne, no u stvari želimo biti superiorne." Što je to do li ego? Oba stava su neprikladna i nezdrava te povećavaju jaz između muškaraca i žena. Ako ne premostite ovaj jaz iskazujući dužno poštovanje i ljubav i prema muškarcima i prema ženama, ljudska će budućnost biti još tamnija.

Duhovnost stvara ravnotežu

Pitalac: Amma, kada kažeš da je Bog više Ona nego On, ne misliš na vanjski izgled, zar ne?

Amma: Ne, to se ne odnosi na vanjsku pojavnost. Bitna je unutarnja ostvarenost. Žena postoji unutar svakog muškarca i obrnuto. Potrebno je probuditi ženu u muškarcu – a to znači pravu ljubav i suosjećanje. To je unutarnje značenje pojma *Ardhanarishwara* (pola bog-pola boginja) u hinduističkoj vjeri. Ako je ženski aspekt u ženi uspavan, ona nije majka i udaljena je od Boga. No, ako je taj aspekt kod muškarca probuđen, on ima više majčinskih osobina i bliže je Bogu. Ovo podjednako vrijedi i za muški aspekt. Cijela svrha duhovnosti je stvoriti odgovarajuću ravnotežu između muškog i ženskog aspekta. Zato je unutarnje buđenje svijesti važnije od vanjskog izgleda.

Vezanost i ljubav

S redovječni je muškarac objašnjavao Ammi kako je tugovao nakon rastave.

Pitalac: Amma, volio sam je tako snažno i učinio sam sve kako bih je usrećio. Bez obzira na to, dogodila mi se ova tragedija. Ponekad se osjećam uništeno. Molim te, pomogni mi. Što da učinim? Kako da prođem kroz ovu bol?

Amma: Sine, Amma razumije tvoju bol i patnju. Teško je preboljeti takvu tešku emocionalnu situaciju. S druge strane, također je važno odgovarajuće razumijevanje ovoga što ti se događa, naročito stoga što je to postao kamen spoticaja u tvom životu.

Najvažnija stvar za tebe je da kontempliraš dolazi li ova tuga iz prave ljubavi ili iz vezanosti. U pravoj ljubavi nema samorazarajuće boli, zato što jednostavno voliš, a ne posjeduješ. Vjerojatno si previše vezan za nju ili si previše posesivan. Zato si tužan i imaš depresivne misli.

Pitalac: Možeš li mi dati jednostavnu metodu ili tehniku pomoću koje bih prevladao ovu samorazarajuću bol?

Amma: „Volim li zaista ili sam previše vezan?" Što dublje u sebi potraži odgovor na to pitanje. Kontempliraj na to. Vrlo brzo ćeš shvatiti da je ljubav koju ti poznaješ, zapravo vezanost. Većina ljudi čezne za vezanošću, a ne za ljubavlju. Amma kaže da je to iluzija. Na taj način izdajete sebe. Brkate vezanost s ljubavlju. Ljubav je u centru, a vezanost je na periferiji. Budi u centru i odvoji se od periferije. Tada će bol nestati.

Pitalac: (zbunjujućim glasom) U pravu si. Shvaćam da je nadmoćan osjećaj prema mojoj bivšoj ženi vezanost, a ne ljubav, kao što si i objasnila.

Amma: Ako si shvatio uzrok boli, tada ga pusti i budi slobodan. Bolest je dijagnosticirana, zaraženi dio je pronađen – sada ga ukloni. Zašto želiš nositi taj nepotreban teret? Samo ga baci.

Kako savladati životne opasnosti

Pitalac: Amma, kako da prepoznam prijeteću životnu opasnost?

Amma: Tako što ćeš jačati snagu razlučivanja.

Pitalac: Je li razlučivanje isto kao i umijeće uma?

Amma: To je umijeće uma da ostane budan u sadašnjosti.

Pitalac: Ali, Amma, kako me to može upozoriti na buduću opasnost?

Amma: Ako si budan u sadašnjosti, suočit ćeš se s manje opasnosti u budućnosti. No, bez obzira na to, ne možeš izbjeći ili spriječiti sve neprilike.

Pitalac: Pomaže li nam *jyotish* [Vedska astrologija] bolje razumjeti budućnost i izbjeći moguće opasnosti?

Amma: Čak i stručnjak u tom području prolazi kroz teške periode u životu. Postoje astrolozi koji imaju vrlo malo diskriminacije i intuicije. Takvi ljudi ugrožavaju svoje živote kao i živote drugih. Neće znanje astrologa ili čitanje nečije astrološke karte osloboditi nekoga od životnih opasnosti. Samo dublje razumijevanje života i diskriminatorni pristup različitim situacijama pomažu čovjeku postići veći mir i smanjiti probleme.

Pitalac: Jesu li sposobnost razlučivanja i razumijevanje jedno te isto?

Amma: Da, isto su. Što imaš više razlučivanja, to postižeš veće razumijevanje i obrnuto.

Što si sposobniji biti u sadašnjosti, to ćeš biti budniji i doći ćeš do više otkrića. Dobivat ćeš više poruka od božanskog. Svaki trenutak ti donosi takve poruke. Ako si otvoren i prijemčiv, možeš ih osjetiti.

Pitalac: Amma, govoriš li da će nam ta otkrića pomoći prepoznati moguće opasnosti u budućnosti?

Amma: Da, dobivat ćeš nagovještaje i znakove kroz ta otkrića.

Pitalac: Koje vrste nagovještaja i znakova?

Amma: Kako znaš da ćeš dobiti migrenu? Osjećat ćeš se vrlo nelagodno i počet ćeš viđati crne krugove ispred očiju; zar ne? Nakon što se simptomi očituju, uzet ćeš pravi lijek i on će ti pomoći. Isto tako, prije poraza ili opasnosti u životu, pojave se određeni znakovi. Ljudi ih obično propuste vidjeti. No, ako imaš jasniji i prijemčiviji um, možeš ih osjetiti i poduzeti određene korake kako bi ih nadvladao.

Amma je čula slijedeću anegdotu: Novinar je intervjuirao poznatog poslovnog čovjeka.

Novinar je pitao: „Gospodine, koja je tajna vašeg uspjeha?"

Poslovni čovjek: „Dvije riječi."

Novinar: „Koje su to riječi?"

Poslovni čovjek: „Ispravne odluke."

Novinar: „Kako donosite ispravne odluke?"

Poslovni čovjek: „Jedna riječ."

Novinar: „Koja je to riječ?

Poslovni čovjek: „Iskustvo."

Novinar: „Kako postižete takvo iskustvo?"

Poslovni čovjek: „Dvije riječi."

Novinar: „Koje su to riječi?"

Poslovni čovjek: „Krive odluke."

Dakle, vidiš sine, sve ovisi o tome kako prihvatiš, razumiješ i kako se predaš situacijama.

Amma će ti ispričati drugu priču: Na Yudhishthirin poziv, Kaurave su posjetili Indraprasthu, kraljevski glavni grad Pandava[3]. Taj je grad bio tako vješto projektiran da su neka mjesta izgledala kao prekrasna jezera, a zapravo je to bio običan pod. Slično tome, postojala su druga mjesta koja, iako su izgledala poput običnog poda, u stvarnosti su bila bazeni puni vode. Cijelo okruženje je imalo nadnaravno ozračje. Kako je stotinu braće, vođenih od strane Duryodhane, najstarijeg od Kaurava, šetalo kroz prekrasan vrt, gotovo su se razodjenuli kako bi plivali, misleći da je ispred njih bazen. Međutim, to je bio običan pod iako je izgledao kao bazen. Međutim, ne zadugo, sva su braća, uključujući Duryodha-

---

[3] Pandave i Kaurave bile su dvije protivničke obitelji koje su se borile u ratu opisanom u epu Mahabharata.

nu, pali u pravi bazen koji je izgledao kao običan pod i potpuno se smočili. Panchali, žena petoro braće, je prasnula u smijeh vidjevši ovaj urnebesni prizor. Duryodhana i njegova braća su se zbog toga jako uvrijedili.

Ovo je bio jedan od glavnih incidenata koji je prouzrokovao mnogo ljutnje i želju za osvetom kod braće Kaurava, a koji su kasnije doveli do Mahabharata rata i ogromnog razaranja.

Ova priča je vrlo značajna. I u stvarnom životu isto tako susrećete mnoge situacije koje izgledaju vrlo opasno te poduzimate puno opreznih koraka kada se s njima suočavate. No, na kraju one mogu ispasti bezopasne. Dok pak neke druge okolnosti izgledaju sigurne, a mogu ispasti vrlo opasne. Ništa nije beznačajno. Zato je vrlo važno da imate *shraddhu* [izoštrena sposobnost razlučivanja, budnost i svjesnost] dok prolazite kroz život i kroz različita iskustva koja on donosi.

Ne nagomilavaj Božje bogatstvo

Pitalac: Je li gomilanje i posjedovanje grješno?

Amma: Nije grješno tako dugo dok ste suosjećajni. Drugim riječima, morate biti spremni dijeliti sa siromašnima i potrebitima.

Pitalac: Inače?

Amma: Inače je grijeh.

Pitalac: Zašto?

Amma: Zato što je sve što je ovdje, Božje. Vaše vlasništvo je privremeno; ono dođe i prođe.

Pitalac: Ali ne želi li Bog da se koristimo svime što je On stvorio za nas?

Amma: Naravno, ali Bog ne želi da zloupotrebljavate te stvari. Bog također želi da koristite razlučivanje dok uživate u svemu što je stvorio.

Pitalac: Što je razlučivanje?

Amma: Razlučivanje je primjena znanja na takav način koji te neće zavesti. Drugim riječima, upotreba znanja kako bi razlikovali *dharmu* i *adharmu* [ispravnost i neispravnost], nepromjenljivo od promjenljivog, je razlučivanje.

Pitalac: Kako da onda upotrebljavajući razlučivanje koristimo stvari ovoga svijeta?

Amma: Odrekni se vlasništva – gledaj na sve stvari kao na Božje i uživaj u njima. Ovaj je svijet privremeno odredište. Ovdje ste nakratko, poput gosta. Obzirom na vaše neznanje, vi sve dijelite, svaki pedalj zemlje, na svoje i tuđe. Dio zemlje za koju smatrate da je vaša vlastita, posjedovali su mnogi prije vas. Sada je u njoj pokopan prethodni vlasnik. Danas je možda na vama red da igrate ulogu vlasnika, no zapamtite da ćete jednoga dana i vi također nestati. Tada će doći druga osoba na vaše mjesto. Ima li stoga zahtijevanje vlasništva ikakvog smisla?

Pitalac: Koju ulogu trebam u tome igrati?

Amma: Budi Božji sluga. Bog, koji daje sve, želi da dijeliš Njegovo obilje sa svima. Ako je to Božja volja, tko si onda ti da to zadržavaš za sebe? Ako usprkos Božjoj volji ne želiš dijeliti, to je tada nagomilavanje, koje je isto kao i krađa. Ponašaj se na ovome svijetu kao gost.

Jednom je jedan čovjek došao vidjeti Mahatmu. Kako nije vidio namještaj niti ikakav ukrasni predmet u kući, čovjek ga je upitao: „Čudno, zašto nema namještaja?“

„Tko si ti?“ – upitao ga je Mahatma.

„Ja sam gost.“ – odgovorio je čovjek.

„Ja sam također gost.“ – rekao je Mahatma. „Zašto da onda nerazumno gomilam stvari?“

Amma i priroda

Pitalac: Kakav je Tvoj odnos s prirodom?

Amma: Ammina povezanost s prirodom nije odnos; to je potpuno jedinstvo. Obožavatelj Boga podjednako je i obožavatelj prirode, zato što Bog i priroda nisu dvoje. Jednom kada ste prosvijetljeni, postajete povezani sa cijelim univerzumom. U Amminom odnosu s prirodom nema onoga koji voli ili voljenog – postoji jedino ljubav. Ne postoji dvoje; samo je jedno; samo je ljubav.

Običnim odnosima nedostaje ljubavi. U odnosima obične ljubavi postoji dvoje – ili bismo mogli reći, troje – onaj koji voli, voljeni i ljubav. Međutim, u pravoj ljubavi, onaj koji voli i voljeni nestaju i ono što ostaje je trajno iskustvo čiste bezuvjetne ljubavi.

Pitalac: Što je za ljude priroda?

Amma: Priroda je život za ljude. Ona je dio vaše egzistencije. To je odnos koji se odvija stalno i na svakom nivou. Ne samo da ste potpuno ovisni o prirodi, nego utječete na nju i ona utječe na vas. Kada zaista volite prirodu, ona vam odgovara na isti način i otvara vam svoje beskrajne izvore. Baš kao i u ljubavi prema drugoj osobi, i u ljubavi prema prirodi trebali biste biti beskrajno vjerni, strpljivi i suosjećajni.

Pitalac: Je li taj odnos poput razmjene ili uzajamne potpore?

Amma: Oboje i više od toga. No ipak, priroda će nastaviti postojati čak i bez ljudskih bića. Ona zna kako se pobrinuti za sebe. Ali ljudima je radi njihove egzistencije potrebna potpora prirode.

Pitalac: Što bi se dogodilo kada bi razmjena između prirode i ljudskih bića postala potpuna?

Amma: Priroda bi prestala skrivati stvari od vas. Otvorila bi bezbrojne riznice prirodnog bogatstva i dozvolila bi vam da uživate u njima. Poput majke, ona bi vas zaštitila, odgajala i hranila.

U savršenom odnosu ljudi i prirode stvorilo bi se kružno energetsko polje u kojem bi se oni počeli pretakati jedno u drugo. Mogli bismo reći da će se, nakon što se ljudska bića zaljube u prirodu, ona zaljubiti u njih.

Pitalac: Što je to što ljude navodi da budu tako okrutni prema prirodi? Je li to sebičnost ili manjak razumijevanja?

Amma: Oboje. To je zapravo manjak razumijevanja koji se manifestira u sebičnom djelovanju. Bazično se radi o neznanju. Zbog neznanja ljudi misle da je priroda samo mjesto s kojega mogu nastaviti uzimati bez davanja. Većina ljudskih bića razumije samo jezik eksploatacije. Zbog njihove krajnje sebičnosti nisu sposobni vidjeti svoje bližnje. Riječima današnjice, vaš odnos s prirodom nije ništa drugo do li produžena ruka vaše sebičnosti.

Pitalac: Amma, što misliš pod uvažavanjem drugih?

Amma: Amma pod time misli na suosjećajno uvažavanje drugih. Kako bi se uvažili drugi – priroda ili ljudska bića – prva i glavna osobina koju netko treba razviti je duboka unutarnja povezanost, povezanost s vlastitom sviješću. Svijest, u pravom značenju, je snaga viđenja drugih kao samoga sebe. Baš kao što gledate svoj vlastiti odraz u zrcalu, tako gledajte druge, kao sebe. Odražavajte druge, njihove osjećaje, i sreću i tugu. Takvu sposobnost trebate razviti i u vašem odnosu s prirodom.

Pitalac: Izvorni stanovnici ove zemlje bili su Indijanci. Štovali su prirodu i imali dubok odnos s njom. Misliš li da bismo i mi tako trebali postupati?

Amma: Ono što bi svatko trebao činiti zavisi od njegovog mentalnog sklopa. No, priroda je dio života, dio cjeline. Priroda je uistinu Bog. Štovanje prirode je štovanje Boga.

Štovanjem brda Govardhana, Gospod Krishna vam je dao veliku pouku: štovanje prirode trebalo bi biti dio svakodnevnog života. Zamolio je ljude da štuju brdo Govardhana zato što ih je ono zaštitilo. Na sličan način je Gospod Rama, prije građenja mosta iznad mora, tri dana obavljao veliku pokoru kako bi ugodio oceanu. Čak i Velike Duše imaju toliko mnogo poštovanja i brižnosti za prirodu i traže njen blagoslov prije početka bilo kakve akcije. U Indiji postoje hramovi za ptice, životinje, drveće, čak i za guštere i otrovne zmije. Tako se naglašava važnost povezanosti ljudi i prirode.

Pitalac: Amma, što savjetuješ kako bi se obnovio odnos između ljudskih bića i prirode?

Amma: Budite suosjećajni i uviđavni. Uzmite iz prirode samo ono što vam zaista treba i pokušajte joj to na neki način vratiti. Samo davanjem ćete i primati. Blagoslov je nešto što vam se vraća kao odgovor na način na koji ste nečemu pristupili. Ako pristupite prirodi s ljubavlju, gledajući na nju kao na život, kao na Boga, kao na dio vašeg vlastitog postojanja, tada će vam služiti poput najboljeg prijatelja, prijatelja kojemu možemo uvijek vjerovati, prijatelja koji vas nikada neće iznevjeriti. Ali ako imate krivi stav prema prirodi, tada vam ona neće odgovoriti blagoslovima, nego negativnom reakcijom. Priroda će se okrenuti protiv ljudske rase nećete li biti pažljivi u vašem odnosu s njom i posljedice mogu biti katastrofalne.

Mnoga su prekrasna Božja stvorenja već izgubljena zbog krivog ponašanja ljudi i njihove nebrige za prirodu. Nastavite li se tako ponašati, to će samo pomoći da utabate svoj put do katastrofe.

Sannyasa, vrhunac
ljudskog postojanja

Pitalac: Što je *sannyasa?*

Amma: *Sannyasa* je vrhunac ljudskog postojanja. To je ispunjenje ljudskog rođenja.

Pitalac: Je li *sannyasa* stanje uma ili je to nešto drugo?

Amma: *Sannyasa* je oboje, stanje uma i stanje „ne uma".

Pitalac: Amma, kako objašnjavaš to stanje... ili što to već jest?

Amma: Kada su čak i svjetovna iskustva teško objašnjiva, kako se može objasniti *sannyasa* koje je najviši oblik postojanja?

Pitalac: Amma, znam da postavljam puno pitanja, no što misliš pod „unutarnjom slobodom izbora"?

Amma: Ljudska bića su robovi svojih misli. Um nije ništa drugo osim neprekidni tijek misli. Pritisak koji je stvoren tim mislima čini vas bespomoćnim žrtvama vanjskih situacija. U osobi postoje bezbrojne misli i emocije, i one suptilne i one grublje. Mnogi ljudi nisu sposobni jasno vidjeti i razlučiti dobre od loših misli, korisne od destruktivnih, pa lako padnu pod utjecaj štetnih impulsa i poistovjete se s negativnim emocijama. U najvišem stanju *sannyase, sannyasin* ima izbor poistovjetiti se sa svakom posebnom emocijom i mišlju ili ostati odvojen od njih. Ima izbor surađivati ili ne surađivati sa svakom mišlju, emocijom i danom situacijom. I ako se odabere poistovjetiti, ima se mogućnost povući i nastaviti dalje, kad god poželi. To je zaista potpuna sloboda.

Pitalac: Koje je značenje oker odjeće koju *sannyasini* oblače?

Amma: Ona ukazuje na unutarnje znanje ili cilj koji žele postići. Također znači da više nisu zainteresirani za svjetovna postignuća – to je otvorena objava da je njihov život posvećen Bogu i spoznaji Sebstva. To znači da su njihovo tijelo i um uništeni vatrom *vairagye* [odvojenosti], da više ne pripadaju ni jednoj naciji, kasti, vjeri, sekti ili religiji.

Međutim, isposništvo nije samo nošenje obojene odjeće. Odjeća je samo simbol koji pokazuje transcendentno stanje bića. Isposništvo je njihov unutarnji stav prema životu i prema tome kako ga doživljavaju. U potpunosti su bez ega. Sada više ne pripadaju sebi, nego svijetu, i njihov život je postao žrtva u službi čovječanstva. U tom stanju nikada ništa ne očekuju niti zahtijevaju od drugih. U stanju prave *sannyase* više su postojanje nego osobnost.

Tijekom ceremonije primanja *sannyase* od Učitelja, učenik reže maleni pramen kose sa zatiljka. Učenik zatim nudi pramen kose i svoj sveti konac[4] žrtvenoj vatri. To simbolizira odricanje od vezanosti za tijelo, um i intelekt i od svih užitaka, tada i nadalje.

Sannyasin bi trebao pustiti da mu kosa raste ili je u potpunosti obrijati. U davna vremena su isposnici puštali da im kosa raste u slijepljene pramenove. To je pokazivalo nevezanost za tijelo. Više nisu zainteresirani za uljepšavanje tijela zato što prava

---

[4] Sastoji se od tri niza, yajnopavitam se nosi preko tijela i predstavlja odgovornosti prema obitelji, društvu i Guruu.

ljepota leži u spoznaji Atmana. Tijelo se mijenja, propada. Zbog čega se nepotrebno vezati za tijelo kada je njihova prava priroda nepromjenljivo i besmrtno Sebstvo?

Čovjekova vezanost za prolazno uzrok je svih tuga i patnji. *Sannyasin* je spoznao tu veliku istinu - prolaznu prirodu vanjskog svijeta i neprolaznu prirodu svjesnosti, koja svemu daje ljepotu i šarm.

Pravi *sannyas* nije nešto što je moguće primiti, nego je to spoznaja.

Pitalac: Znači li to da je to postignuće?

Amma: Ponovo postavljaš isto pitanje. Isposništvo je kulminacija svih priprema znanih kao *sadhana* [duhovna praksa].

Gle, postići možete samo nešto što nije vaše, nešto što nije dio vas. Stanje *sannyase* je sama jezgra vašeg postojanja, ono što zaista jeste. Dok to ne spoznaš, možeš to nazivati postignućem, ali jednom kad ćeš razumjeti pravo znanje, shvatit ćeš da je to ono što si zapravo ti te da nikada nisi bio daleko od toga – niti da bi to ikada mogao biti.

Ova sposobnost da znate tko ste, boravi u svima. Vi ste u stanju zaborava. Netko vas treba podsjetiti na tu beskrajnu snagu u vama. Na primjer, postoji osoba koja se izdržava proseći po ulicama. Jednog dana joj prilazi stranac i kaže: „Hej, što radiš ovdje? Ti nisi niti prosjak niti skitnica. Ti si multimilijunaš."

Prosjak ne vjeruje strancu i odlazi od njega potpuno ga ignorirajući. No stranac je ljubazno uporan. Zato slijedi prosjaka i govori mu: „Vjeruj mi. Ja sam tvoj prijatelj i želim ti pomoći. Ono što ti govorim je istina. Ti si zaista bogat čovjek i bogatstvo koje posjeduješ zapravo je vrlo blizu tebe."

Tada se u prosjaku pojavila znatiželja pa je upitao: „Vrlo blizu mene? Gdje?"

„Točno unutar kolibe u kojoj živiš“, odgovorio je stranac. „Malo kopanja je dovoljno da ono postane zauvijek tvoje.“

Tada prosjak više nije želio potratiti ni trenutak. Odmah se vratio kući i iskopao bogatstvo.

Stranac predstavlja Istinskog Učitelja koji vam daje pravu informaciju i nagovara, uvjerava i inspirira vas da iskopate neprocjenjivo bogatstvo koje leži skriveno u vama. Vi ste u stanju zaborava. Guru vam pomaže shvatiti tko ste zapravo.

Samo je jedna dharma

Pitalac: Postoji li više dharmi?

Amma: Ne, samo je jedna dharma.

Pitalac: Ali ljudi govore o različitim dharmama?

Amma: To je stoga što ne vide jednu stvarnost. Oni vide samo mnoštvo, različita imena i oblike.

Međutim, možemo reći da s obzirom na *vasane* [tendencije] pojedinca, postoji više od jedne *dharme*. Na primjer, glazbenik može reći da je glazba njegova *dharma*. Tako i poslovni čovjek može reći da je poslovanje njegova *dharma*. I to je u redu. Međutim, pojedinac ne može naći potpuno ispunjenje ni u jednoj od njih. Ono što daje potpuno ispunjenje ili zadovoljstvo je stvarna *dharma*. Što god čovjek radio, mir će ga zaobilaziti i osjećat će da „nešto nedostaje", osim u slučaju kada je sa sobom zadovoljan. Ništa, nikakva svjetovna postignuća neće ispuniti taj prazan prostor u životu pojedinca. Svatko će trebati pronaći središte u sebi kako bi se dogodio taj osjećaj ispunjenja. To je prava *dharma*. Do tada ćete neprestano kružiti u traženju mira i zadovoljstva.

Pitalac: Ako čovjek nepogrešivo slijedi *dharmu*, hoće li mu to donijeti materijalni prosperitet i duhovni rast?

Amma: Da, ako netko slijedi *dharmu* u potpunosti, to će mu sigurno pomoći u postizanju i jednog i drugog.

Ravana, demonski kralj, je imao dva brata, Kumbhakarnu i Vibhishanu. Kada je Ravana oteo Situ, svetu suprugu Gospoda Rame, obojica braće su ga u više navrata upozoravali na katastrofalne posljedice koje bi mogle nastati zbog toga i savjetovali mu da Situ vrati Rami. On je u potpunosti ignorirao sve njihove molbe i naposljetku objavio rat Rami. Iako je bio svjestan neispravnog stava svog starijeg brata, Kumbhakarna je napokon popustio Ravani zbog svoje vezanosti za njega i zbog svoje ljubavi za demonsku rasu.

Vibhishana je, s druge strane, bio pobožna i predana duša. Nije mogao prihvatiti *adharmični* [neispravan] put svoga brata i nastavio je izražavati svoju zabrinutost, pokušavajući promijeniti bratov stav. No, Ravana uopće nije prihvatio, nije se obazirao niti poslušao njegovo stajalište. Na kraju se krajnje egoistični Ravana toliko naljutio na svog najmlađeg brata da ga je izgnao iz zemlje zbog njegove upornosti. Vibhishana je našao utočište pred Raminim stopalima. U ratu koji je uslijedio, Ravana i Kumbhakarna su ubijeni i Sita je vraćena Rami. Prije nego se Rama vratio u Ayodhyu, svoju domovinu, okrunio je Vibhishanu za kralja Lanke.

Od sva tri brata, Vibhishana je bio jedini koji je mogao uspostaviti ravnotežu između svoje svjetovne i duhovne *dharme*. Kako je to postigao? Bio je to rezultat njegovog duhovnog gledišta čak i za vrijeme obavljanja svjetovnih odgovornosti, a ne suprotno. Takav način obavljanja svjetovnih aktivnosti dovest će čovjeka do stanja krajnjeg ispunjenja. Suprotno tome, druga su dva brata, Ravana i Kumbhakarna zauzeli svjetovno gledište čak i kada su obavljali svoju duhovnu *dharmu*. Stav Vibhishane je bio nesebičan. On nije molio Ramu da ga okruni za kralja. Jedino je želio biti čvrsto ukorijenjen u *dharmi*. Ali taj nepokolebljiv zavjet i odlučnost nagradili su ga velikim blagoslovima. On je ostvario materijalno i duhovno blagostanje.

Pitalac: Amma, to je bilo prekrasno. Međutim, pravi duhovni tražitelj ne žudi za materijalnim blagostanjem, zar ne?

Amma: Ne, jedina *dharma* iskrenog tražitelja je prosvjetljenje. On će biti zadovoljan jedino tim iskustvom. Sve je ostalo nebitno za takvu osobu.

Pitalac: Amma, imam još jedno pitanje. Misliš li da u današnjem svijetu postoje Ravane i Kumbhakarne? Ako postoje, hoće li biti lako Vibhishanama preživjeti u društvu?

Amma: (smijući se) Ravana i Kumbhakarna postoje u svakome. Razlika je samo u jačini njihove prisutnosti. Naravno da postoje i ljudi s krajnje demonskim osobinama kao što su Ravana i Kumbhakarna. Zapravo, sav kaos i sukobi današnjeg svijeta nisu ništa drugo nego zbroj takvih umova. Bez obzira na to, prave Vibhishane će preživjeti jer će naći utočište u Rami ili Bogu koji će ih štititi.

Pitalac: Iako sam rekao da će to biti moje posljednje pitanje, postavio bi još jedno pitanje ako Amma dozvoli.

Amma: (na engleskom) U redu, pitaj.

Pitalac: Osobno, što misliš o Ravanama današnjeg doba?

Amma: Oni su također Ammina djeca.

Zajedničko djelovanje
kao dharma

U ovoj *Kaliyugi* [mračno doba materijalizma], glavna težnja ljudi u cijelome svijetu je odvajanje od drugih. Žive izolirani poput otoka bez unutarnje povezanosti. To je opasno i samo će zgusnuti mrak koji vas okružuje. Ljubav stvara most, povezuje, bilo ljude međusobno ili ljude i prirodu. Snaga današnjeg svijeta leži u zajedničkom djelovanju kojeg treba smatrati najvažnijom *dharmom* [dužnost] ovog vremena."

Predanost i svjesnost

italac: Postoji li veza između svjesnosti i predanosti?

Amma: Potpuna predanost je bezuvjetna ljubav. Bezuvjetna ljubav je predanost. Potpuno predati sebe znači biti potpuno otvoren ili prostran. Otvorenost ili prostranost je svjesnost. To je zaista božanstvenost.

Pomoć u otvaranju poklonikova srca

Pitalac: Amma, govoriš svojim poklonicima i učenicima da je važno imati osobnog Gurua kako bi ostvarili Boga, no Ti cijelu kreaciju smatraš svojim Guruom. Ne misliš li da i drugi mogu tako razmišljati?

Amma: Naravno, i oni tako misle. No, na duhovnom putu mogućnosti obično ne vrijede.

Pitalac: U Tvom slučaju one vrijede, zar ne?

Amma: U Amminom se slučaju nije radilo o mogućnosti. Radilo se o spontanosti.

Pogledaj sine moj, Amma ne prisiljava nikog ni na što. Za one koji imaju nepokolebljivu vjeru da vide svaku pojedinu situaciju, i negativnu i pozitivnu, kao Božju poruku, izvanjski Guru nije potreban. No, koliko ljudi ima takvu odlučnost i snagu?

Na putu prema Bogu nema prisile. To ne djeluje. Upravo suprotno, prisiljavanje može upropastiti cijeli proces. Na tom putu Guru mora sa svojim učenikom biti neizmjerno strpljiv. Baš kao što se pupoljak otvara u prekrasni mirisni cvijet, isto tako Guru pomaže potpuno otvoriti učenikovo zatvoreno srce.

Učenici su u neznanju, a Guru je probuđen. Učenici nemaju predodžbu o tome što je zapravo Guru i s koje razine On ili Ona djeluje. Uslijed svog neznanja, učenici mogu s vremenom postati iznimno nestrpljivi. Kako su inače skloni osuđivati, mogu čak pronalaziti u Guruu nedostatke. U takvim okolnostima samo neuvjetovana ljubav i suosjećanje Istinskog Učitelja mogu istinski pomoći učeniku.

Značenje zahvalnosti

Pitalac: Što znači biti zahvalan Učitelju ili Bogu?

Amma: To je ponizan, otvoren i pobožan stav koji ti pomaže zadobiti Božji blagoslov. Istinski Učitelj time ništa ne dobiva niti išta gubi. Utemeljen u najvišem stanju nevezanosti, Učitelj je nedirnut utjecajem nečije zahvalnosti ili nezahvalnosti. No, zahvalan stav tebi pomaže biti prijemčiv za Božju milost. Zahvalnost je unutarnji stav. Budi zahvalan Bogu zato što je to najbolji način da iskoračiš iz skučenog svijeta koji su stvorili tijelo i um i uđeš u prostrani unutarnji svijet.

Sila ponad tijela

Pitalac: Je li svaka duša različita od drugih, obzirom na različita individualna iskustva?

Amma: Je li struja različita iako se drugačije manifestira kroz sušila za kosu, zamrzivače, televizore i druge uređaje?

Pitalac: Nije. No imaju li duše nakon smrti zasebnu egzistenciju?

Amma: Zavisno od njihove *karme* [posljedice akumuliranih prošlih akcija] i akumuliranih *vasana* [tendencije] imat će naizgled zasebno postojanje.

Pitalac: Imaju li individualne duše želje čak i u tom stanju postojanja?

Amma: Da, ali ih ne mogu ispuniti. Baš kao kad je netko potpuno paraliziran pa nije sposoban ustati i uzeti stvari koje želi, takve duše nisu sposobne udovoljiti svojim željama s obzirom da nemaju tijelo.

Pitalac: Kako dugo ostaju u takvom stanju?

Amma: To ovisi o intenzitetu njihove *prarabdha karme* [trenutačno manifestirajući rezultati prošlih djelovanja].

Pitalac: Što se događa nakon što se ti rezultati istroše?

Amma: Bit će ponovo rođene i taj ciklus će trajati dok ne shvate tko su zapravo.

Zbog svoje identifikacije s tijelom i umom vi mislite: „Ja sam taj koji čini, ja sam taj koji misli", i tako dalje. U stvarnosti, bez prisutnosti *Atmana* [Sebstva] niti tijelo niti um ne mogu funkcionirati. Može li bilo koji uređaj raditi bez električne energije? Ne pokreću li se svi oni zbog sile električne energije? Bez te sile, čak i ogromne mašine nisu ništa drugo do li velike gomile željeza i čelika. Na sličan način, bez obzira što ste i tko ste, prisutnost Atmana je ta koja vam omogućava sve činiti. Bez njega ste samo mrtva tvar. Zaboravljanje Atmana i puko obožavanje tijela, nalik je ignoriranju električne energije i zaljubljivanju u komad opreme.

Dva značajna iskustva

Pitalac: Mogu li Savršeni Učitelji izabrati vrijeme i okolnosti svojih rođenja i smrti?

Amma: Jedino savršeno biće ima potpunu kontrolu nad time. Svi su ostali potpuno bespomoćni tijekom tih dvaju značajnih iskustava. Nitko vas neće pitati gdje biste se željeli roditi ili tko biste željeli biti. Na sličan način, nećete primiti nikakvu obavijest s pitanjem jeste li spremni umrijeti.

Obojica, i onaj koji se stalno žalio na premalu sobu u kojoj je živio, kao i onaj koji je uživao u luksuzu svoje palače, postat će tihi i bit će im udobno u malom prostoru lijesa kada *Atman* [Sebstvo] više neće biti prisutan u njima. Osoba koja nije ni trena mogla živjeti bez klima uređaja neće imati nikakav problem kada njeno tijelo bude spaljeno u pogrebnoj vatri. Zašto? Zato što je to sada samo inertna tvar.

Pitalac: Smrt je zastrašujuće iskustvo, zar ne?

Amma: Zastrašujuće je za one koji žive svoje živote u potpunosti poistovjećeni sa svojim egom, bez imalo razmišljanja o stvarnosti koja nadilazi tijelo i um.

Uvažavanje drugih

J edan je poklonik želio jednostavno, lako razumljivo, kratko objašnjenje duhovnosti.

Amma mu je rekla: „Suosjećajno uvažavanje drugih je duhovnost."

„Izvanredno", rekao je čovjek, ustao je i namjeravao otići. Amma ga je iznenada primila za ruku te mu rekla: „Sjedni".

Čovjek je poslušao. Držeći poklonika za ruku, Amma se nagnula prema njemu i nježno ga upitala na engleskom: „Priča?"

Čovjek se malo zbunio. „Amma, želiš li da Ti ispričam priču?"

Amma se nasmijala i odgovorila: „Ne, želiš li ti čuti priču?"

Uzbuđen, čovjek je odgovorio: „Svakako bi želio čuti Tvoju priču. Tako sam blagoslovljen."

Amma je počela priču:

„Jednog dana, čovjeku koji je spavao širom otvorenih usta, u usta je uletjela muha. Od tada je čovjek stalno osjećao da muha živi u njemu. Kako je njegovo maštanje o muhi raslo, jadni se čovjek počeo sve više plašiti. Ubrzo je njegova briga prerasla u veliku patnju i depresiju. Nije mogao jesti ni spavati. Nimalo se nije veselio životu. Stalno je mislio o muhi. Stalno je tjerao muhu s jednog dijela svoga tijela na drugi.

"Posjetio je liječnike, psihologe i psihijatre te mnoge druge, ne bi li mu pomogli da se riješi te muhe. Svi su mu rekli: 'Gledaj, s tobom je sve u redu. Nema muhe u tebi. Čak i ako je muha ušla u tijelo, ona je već davno uginula. Prestani brinuti; zaista je sve u redu.'"

"Međutim, čovjek nije vjerovao nikome od njih te je nastavio patiti. Jednoga dana bliska ga je prijateljica odvela Mahatmi. Nakon što je saslušao njegovu priču o muhi s velikom pažnjom, Mahatma je pregledao čovjeka i rekao mu: 'U pravu si. U tebi je zaista muha. Vidim je kako se kreće unutra.'

"Još uvijek gledajući u njegova širom otvorena usta, Učitelj je rekao: 'O, moj Bože! Pogledajte ovo! Tako je narasla tijekom mjeseci.'

"U trenutku kada je Mahatma izgovarao ove riječi, čovjek se okrenuo prema svojoj prijateljici i supruzi i rekao: 'Vidite, one budale ništa nisu znale. Ovaj čovjek ovdje me razumije. U tako kratkom vremenu je otkrio muhu."

"Mahatma je rekao: 'Nemoj se ni malo micati. Čak i najmanji pokret može ugroziti cijeli proces.' Zatim je pokrio čovjeka od glave do pete debelim pokrivačem. 'To će ubrzati proces. Želim da ti cijelo tijelo bude u tami, pa čak i da unutar tijela bude takva tama da muha ništa ne može vidjeti. Dakle, ne smiješ čak ni oči otvarati.'

"Čovjek je sad već snažno vjerovao Mahatmi pa je u potpunosti bio spreman učiniti sve što je Mahatma rekao.

"Sada se opusti i budi miran.' 'Rekavši to, Mahatma je otišao u susjednu sobu kako bi ulovio muhu. Naposljetku je ipak jednu uspio uloviti te se vratio s muhom u boci.

Počeo je lagano pomicati svoje ruke po pacijentovom tijelu. Dok je to činio, popratio je to komentarima o kretanju muhe. Rekao je: 'U redu, nemoj se sada micati, muha sada sjedi na tvom trbuhu .... Prije nego što sam išta mogao učiniti, odletjela je i sjela na vrh pluća. Skoro sam je uhvatio .... O ne, opet je pobjegla! O, tako je brza! Sada je ponovo na želucu.... U redu, sada ću pjevati mantru od koje će muha postati nepomična.

"Potom se pretvarao da lovi muhu i vadi je iz čovjekovog želuca. Za nekoliko je sekunda Mahatma zamolio čovjeka da otvori oči i makne pokrivač. Kada je to učinio, Mahatma mu je pokazao muhu koju je prije toga ulovio i stavio u bocu.

"Čovjek je bio presretan. Počeo je plesati. Rekao je supruzi: 'Rekao sam ti stotinu puta da sam bio u pravu i da su oni psiholozi budale. Sada idem ravno k njima. Želim da mi vrate sav moj novac!'

"U stvarnosti, muhe nije bilo. Jedina razlika je bila u tome što je Mahatma uvažavao čovjeka, za razliku od drugih. Oni su rekli istinu, no nisu mu pomogli, za razliku od Mahatme koji ga je podržavao, uvažavao, razumio ga i suosjećao s njim. To je pomoglo čovjeku da prevlada svoju slabost.

"On je bolje razumio čovjeka, njegovu patnju i njegovo psihičko stanje pa se spustio na njegovu razinu. Naprotiv, drugi su ostali na svojoj razini razumijevanja te nisu uvažavali pacijenta."

Amma je zastala, a zatim nastavila: "Sine, ovo je cjelokupni proces duhovne spoznaje. Učitelj uvažava učenikovu muhu neznanja – ego – kao da je istinit. Samo uvažavanjem učenika i njegovog neznanja, Učitelj zadobiva učenikovu potpunu suradnju. Bez suradnje učenika, Učitelj ne može ništa učiniti. Međutim, stvarno radoznao učenik neće imati problema u suradnji s Istinskim Učiteljem, obzirom da Učitelj u potpunosti uvažava učenika i njegove slabosti, prije nego li pomogne učeniku da se probudi. Pravi posao Istinskog Učitelja (Majstora) je pomoći učeniku da i on postane majstorom svih situacija."

Maternica ljubavi

Pitalac: Nedavno sam pročitao u knjizi da svi imamo duhovnu maternicu. Postoji li takvo što?

Amma: To može postojati jedino kao primjer. Ne postoji takav vidljivi organ poznat kao "duhovna maternica." Možda to znači prijemčivost koju biste trebali razviti kako bi doživjeli i osjetili ljubav u vama. Bog je dao svakoj ženi maternicu kao dar da u njoj može nositi dijete, njegovati ga, hraniti i na kraju ga roditi. Na sličan način biste trebali stvoriti dovoljno prostora unutar sebe u kojem biste formirali i razvijali ljubav. Vaše meditacije, molitve i pjesme njegovat će i hraniti tu ljubav, postupno pomagati djetetu ljubavi da raste i širi se iznad svih ograničenja. Čista ljubav je *shakti* [energija] u svom najčišćem obliku.

Jesu li duhovni ljudi posebni?

Pitalac: Amma, misliš li da su ljudi koji njeguju duhovnost na neki način posebni?

Amma: Ne.

Pitalac: Nego?

Amma: Duhovnost znači u potpunosti živjeti normalan život u skladu sa svojim unutarnjim Sebstvom. Dakle, nema ničeg posebnog u tome.

Pitalac: Govoriš li da jedino duhovnosti sklona osoba živi normalan život?

Amma: Je li Amma to rekla?

Pitalac: Ne izravno, no Tvoja izjava to podrazumijeva, zar ne?

Amma: To je tvoje tumačenje Amminih riječi.

Pitalac: U redu, no što misliš o većini ljudi koji žive na zemlji?

Amma: Ne o većini. Zar ne živite svi na zemlji?

Pitalac: Amma, molim…..

Amma: Dok god živite na zemlji, svi ste svjetovni ljudi. Međutim, ono što nekog čini duhovnim je način na koji gleda na život i svoja iskustva za vrijeme života na zemlji. Vidiš, sine moj, svatko misli da živi normalan život. Živi li normalan život, svaki pojedinac treba otkriti putem samoispitivanja. Također trebate znati da duhovnost nije ništa neobično ili izvanredno. Duhovnost ne znači postati poseban, nego postati ponizan. Također je važno shvatiti da je ljudsko rođenje samo po sebi vrlo posebno.

Samo privremeno boravište

Pitalac: Amma, zašto je nevezanost tako bitna u duhovnom životu?

Amma: Ne samo duhovni tražitelji, nego svi koji teže povećati svoj potencijal i duševni mir, moraju vježbati nevezanost. Biti nevezan znači postati *sakshi* [svjedok] svim životnim iskustvima.

Vezanost opterećuje um, a nevezanost ga rasterećuje. Što je um opterećeniji, bit će napetiji i željet će se rasteretiti. U današnjem svijetu ljudski umovi su sve opterećeniji negativnim mislima. To će, naravno, probuditi iskrenu potrebu za nevezanošću.

Pitalac: Amma, zaista želim vježbati nevezanost, no moje je uvjerenje vrlo kolebljivo.

Amma: Uvjerenje dolazi samo sa svjesnošću. Što si svjesniji, to ćeš biti uvjereniji. Sine, promatraj svijet kao privremeno boravište na kojem samo malo dulje boraviš. Svi vi putujete i to je samo još jedno mjesto koje posjećujete. Kao i na putovanju autobusom ili vlakom, srest ćete mnogo suputnika s kojima ćete moći pričati i dijeliti svoja mišljenja o životu i događanjima u svijetu. Ubrzo možete razviti vezanost za osobu koja sjedi pored vas. Bez obzira na to, svaki će putnik morati sići kada stigne do svog odredišta. Dakle, u trenutku kad upoznaš nekog ili se nastaniš negdje i dalje budi svjestan da će jednog dana uslijediti rastanak. Ako razviješ takvo pozitivno gledište, ta svjesnost sigurno će te voditi u svim životnim okolnostima.

Pitalac: Amma, govoriš li da čovjek treba vježbati nevezanost tijekom svog života na zemlji?

Amma: (smijući se) Gdje bi se drugdje mogao naučiti nevezanosti, ako ne za života na zemlji? Nakon smrti? U stvari, vježbanje nevezanosti je način da se prevlada strah od smrti. To osigurava u potpunosti bezbolnu i blaženu smrt.

Pitalac: Kako je to moguće?

Amma: Ako ste nevezani, ostajete *sakshi* čak i u trenutku smrti. Nevezanost je ispravno gledište. Identificirate li se s likovima tijekom gledanja filma i kasnije ih pokušate oponašati u životu, hoće li to biti dobro ili loše? Gledajte film sa sviješću da je to samo film; tada ćete stvarno uživati u njemu. Pravi put do mira je duhovno razmišljanje i duhovni način življenja.

Ne kupate se u rijeci zauvijek; kupate se u njoj kako bi izašli svježi i čisti. Isto tako, ako ste zainteresirani živjeti duhovni život, gledajte na svoj život kućedomaćina kao na način kojim ćete istrošili svoje *vasane* [tendencije]. Drugim riječima, ne zaboravite da živite obiteljski život ne radi toga da biste još više uronili u njega, već da biste istrošili te i druge s njima povezane tendencije i postali slobodni od ropstva djelovanja. Vaš cilj treba biti trošenje negativnih tendencija, a ne njihovo stjecanje.

Što um čuje

Pitalac: Amma, kako bi opisala „um"?

Amma: To je instrument koji nikada ne čuje ono što je rečeno, nego samo ono što želi čuti. Kažete jedno, a um čuje nešto drugo. Zatim, kroz niz procesa rezanja, uređivanja i lijepljenja, obavlja operacije nad onim što je čuo. U tom procesu um neke dijelove uklanja, a neke druge dodaje izvorniku, tumači i polira, sve dok se to što je dobio na kraju, ne uklopi u ono što je netko želio čuti. Nakon toga slijedi samouvjeravanje da je to ono što je bilo rečeno.

Sa svojim roditeljima, u ashram je došao jedan dječak. Jednog je dana njegova majka ispričala Ammi zanimljiv događaj koji se dogodio kod kuće. Majka je rekla svom sinu da malo ozbiljnije prione učenju, jer su se približavali ispiti. Dječak je imao druge prioritete. Bavio se sportom i gledao filmove. U svađi koja je uslijedila, na kraju je rekao majci: "Mama, zar nisi čula Ammu kako u svojim govorima ističe da je bitno živjeti u sadašnjosti? Za Boga miloga, ne razumijem zašto se toliko brineš za ispite koji tek trebaju doći kad ima drugih stvari koje trebam raditi u sadašnjosti." To je ono što je on čuo.

Ljubav i neustrašivost

D a bi ilustrirala kako ljubav uklanja strah, Amma je ispričala slijedeću priču.

Amma: Jednom davno živio je kralj koji je vladao indijskom državom, a živio je u tvrđavi na vrhu planine. Svaki je dan jedna žena dolazila u grad prodavati mlijeko. Stizala je oko šest sati ujutro i odlazila iz tvrđave prije šest navečer. Točno u šest sati su se golema vrata na ulazu u grad zatvarala i nakon toga nitko nije mogao ući niti izaći do jutarnjih sati kada su se vrata ponovo otvarala.

Svako bi jutro, kada su stražari otvarali ogromna željezna vrata, žena tamo stajala s kantom mlijeka na glavi.

Jedne je večeri žena stigla do vrata nekoliko sekundi poslije šest sati, baš kada su se vrata zatvorila. Kod kuće je na njen povratak čekao maleni sin. Žena je pala pred noge stražara i molila ih da ju puste van. Sa suzama u očima je rekla: "Molim vas sažalite se nada mnom. Moj mali sin neće jesti ni spavati ako ne dođem. Jadno dijete će plakati cijelu noć jer neće vidjeti majku. Molim vas! Pustite me van!" Međutim, stražari se nisu ni pomakli, jer nisu mogli učiniti suprotno zapovjedi.

Žena je u panici trčala tvrđavom ne bi li našla neko mjesto na kojem bi izašla van. Nije mogla podnijeti pomisao da njen nevini dječačić zabrinuto i uzaludno čeka njen povratak.

Tvrđava je bila okružena stjenovitim planinama, šumama prepunih trnovitog grmlja, puzavica i otrovnih biljaka. Kad je pala noć, njeni majčinski porivi postali su još jači te je bila odlučnija u namjeri da bude s djetetom. Hodala je tvrđavom kako bi pronašla mjesto odakle bi se nekako mogla spustiti te doći do kuće. Konačno je uočila mjesto koje joj je izgledalo nešto manje strmo i duboko. Sakrila je lonac za mlijeko u grm i oprezno se počela spuštati s planine. Pri tom spuštanju je zadobila nekoliko porezotina i modrica. Zanemarivala je sve teškoće zbog misli na svog sina i to joj je davalo snage da nastavi. Konačno je uspjela i sišla s planine. Žurila je kući te provela noć sretna uz svoga sina.

Sljedećeg jutra kada su stražari otvorili vrata tvrđave, bili su zapanjeni vidjevši ženu koja prošle noći nije mogla izaći van, da čeka na ulazak u tvrđavu.

„Ako se jedna obična mljekarica uspjela spustiti s naše neosvojive tvrđave, mora postojati mjesto na kojem bi neprijatelji mogli ući i napasti nas", mislili su. Shvativši ozbiljnost situacije, stražari su ženu odmah uhitili i odveli kralju.

Kralj je bio vrlo razumna i zrela osoba. Njegovu mudrost, hrabrost i plemenitu prirodu hvalili su svi u zemlji. S velikom je ljubaznošću primio mljekaricu. Sa spojenim dlanovima na pozdrav, rekao je "O majko, ako su istinite priče mojih stražara o tome da si izašla odavde prošle noći, hoćeš li biti toliko dobra i pokazati mi mjesto s kojeg si se uspjela spustiti?"

Mljekarica je dovela kralja, njegove ministre i stražare na određeno mjesto. Tamo je uzela lonac za mlijeko kojeg je noć prije sakrila u grmlju i pokazala ga kralju. Gledajući niz strmu planinu, kralj ju je upitao: "Majko, molim te, pokaži nam kako si uspjela sinoć sići s ove planine?

Mljekarica je pogledala niz strminu, niz planinski zid koji bi onemogućio svačiju namjeru i zadrhtala od straha. "Ne, ne mogu to učiniti!" plakala je.

"Pa kako si sinoć uspjela?", upitao je kralj.

"Ne znam", odgovorila je.

"Ali ja znam", rekao je nježno kralj. "Tvoja ljubav za sinom dala ti je snagu i hrabrost da učiniš nemoguće."

U istinskoj ljubavi, čovjek je snažniji od tijela, uma i svih strahova. Moć čiste ljubavi je beskonačna. Takva ljubav je sveobuhvatna, sveprožimajuća. U toj ljubavi čovjek može doživjeti jedinstvo sa Sebstvom. Ljubav je dah duše. Nitko neće reći: "Disat ću samo u prisutnosti svoje žene, djece, roditelja i prijatelja. Ne mogu disati u prisutnosti svojih neprijatelja, onih koji me mrze ili onih koji me zlostavljaju", jer tada ne bi mogao živjeti, umro bi. Isto tako, ljubav nadilazi sve razlike. Ona je svugdje prisutna. Ona je vaša životna snaga.

Čista, nevina ljubav sve čini mogućim. Kada je vaše srce ispunjeno čistom energijom ljubavi, čak i nemogući zadaci čine se laki poput ubiranja cvijeta.

Zašto se ratuje?

Pitalac: Zašto ima toliko ratova i nasilja?

Amma: Zbog pomanjkanja razumijevanja.

Pitalac: Što znači pomanjkanje razumijevanja?

Amma: Odsutnost suosjećanja.

Pitalac: Jesu li razumijevanje i suosjećanje povezani?

Amma: Da, kada raste pravo razumijevanje, učiš iskreno uvažiti drugu osobu, zanemarujući njegove ili njene slabosti. Iz toga se razvija ljubav. Kako se razvija čista ljubav, tako se razvija i suosjećanje.

Pitalac: Amma, čuo sam da kažeš da je ego razlog ratovima i sukobima.

Amma: To je točno. Nezreli ego i manjak razumijevanja gotovo su jedno te isto. Koristite toliko različitih riječi, ali u osnovi sve one znače isto.

Kad čovjek izgubi kontakt sa svojim unutarnjim Sebstvom i sve više se poistovjećuje sa svojim egom, mogu nastati jedino nasilje i rat. To je ono što se događa u današnjem svijetu.

Pitalac: Amma, misliš li da ljudi previše značaja daju riječima?

Amma: Civilizacija [izvanjska udobnost i razvitak] i *samskara* [prakticiranje plemenitih misli i kvaliteta] trebale bi ići ruku pod ruku. No, što vidimo u društvu? Ubrzanu degeneraciju duhovnih vrijednosti, nije li tako? Sukob i rat su najniža točka postojanja, a najviša točka je samskara.

Stanje današnjeg svijeta najbolje se može iskazati kroz sljedeći primjer. Zamislite vrlo usku cestu. Dva vozača stisnuli su kočnice svojih automobila kada su se vozila približila jedno drugom. Osim ako se jedan od njih ne pomakne i propusti onog drugog, neće se moći mimoići. Međutim, vozači čvrsto sjede u svojim sjedalima i tvrdoglavo izjavljuju da neće popustiti ni milimetar. Situacija se može riješiti samo ako jedan od njih pokaže malo poniznosti i propusti drugoga. Nakon toga obojica mogu lako produžiti dalje do svojih odredišta. Onaj koji je propustio drugoga također može imati razloga za radost, znajući da je zbog njega druga osoba mogla proći.

Kako možemo usrećiti Ammu?

Pitalac: Amma, kako Ti mogu služiti?

Amma: Nesebično služeći druge.

Pitalac: Što mogu učiniti da te usrećim?

Amma: Pomozi drugima da budu sretniji. To je ono što usrećuje Ammu.

Pitalac: Amma, zar ne želiš ništa od mene?

Amma: Da, Amma želi da ti budeš sretna.

Pitalac: Amma, tako si divna.

Amma: Ta ljepota je i u tebi. Samo je trebaš pronaći.

Pitalac: Volim Te Amma.

Amma: Kćeri, zapravo, ti i Amma niste dvoje. Vi ste jedno. Postoji samo ljubav.

Pravi problem

Pitalac: Amma, kažeš da je sve Jedno. Ali ja sve vidim kao odvojeno. Zašto je to tako?

Amma: Nije problem u tome ako vidite stvari kao zasebne ili različite. Pravi problem je nesposobnost viđenja Jednote iza te raznolikosti. To je pogrešno opažanje koje doista ograničava. Vaš način gledanja na svijet i onoga što se događa oko vas treba ispraviti; nakon toga će se sve automatski promijeniti.

Baš kao što vaš vid zahtijeva korekciju kada vaše fizičke oči oslabe, kada počinjete vidjeti predmete kao duple, unutarnjem oku također je potrebno podešavanje prema uputi nekoga tko se nalazi u iskustvu te Jednote, *Satgurua* [Istinski Učitelj].

Ništa nije krivo sa svijetom

Pitalac: Što je krivo sa svijetom? Stvari ne izgledaju baš dobro. Možemo li išta poduzeti oko toga?

Amma: Nije problem u svijetu. Problem je u ljudskom umu - egu. Nekontrolirani ego čini svijet problematičnim. Malo više razumijevanja i malo više suosjećanja može dovesti do velikih promjena.

Ego vlada svijetom. Ljudi su bespomoćne žrtve svog ega. Osjetljive ljude obdarene suosjećajnim srcem teško je pronaći. Pronađite svoj unutarnji sklad, lijepu životnu pjesmu i živite u njoj. Izađite i služite onima koji pate. Naučite kako drugima dati prednost. Ali, u ime ljubavi i služenja drugih, nemojte se zaljubiti u vlastiti ego. Zadržite ego, ali budite gospodari svog uma i ega. Uvažite svakoga, jer to su vrata prema Bogu i prema vlastitom Sebstvu.

Zašto slijediti duhovni put?

Pitalac: Zašto treba slijediti duhovni put?

Amma: To je kao da sjeme pita: Zašto moram ući u zemlju, proklijati i rasti?

Nositi se s duhovnom energijom

Pitalac: Jedan manji broj ljudi gubi svoj razum zbog bavljenja duhovnom praksom. Zašto se to događa?

Amma: Duhovne prakse pripremaju vaše ograničeno tijelo i um za primitak univerzalne *shakti* [energija]. One otvaraju vrata višoj svijesti u vama. Drugim riječima, one su izravno povezane sa čistom shakti. Ako niste oprezni, mogu uzrokovati mentalne i fizičke probleme. Na primjer, svjetlost vam pomaže da vidite. Ali previše svjetla će oštetiti vaše oči. Isto tako, shakti ili blaženstvo je vrlo korisno. Međutim, ako ne znate kako ju upotrijebiti na pravi način, to može biti opasno. Jedino *Satguruovo* [Istinski Učitelj] vodstvo će vam uistinu pomoći u tome.

Prigovor i suosjećanje
nevinog srca

Mali dječak dotrčao je k Ammi i pokazao joj svoj desni dlan. Amma je nježno primila njegov prst i pitala na engleskom, "Što je dušo?" On se okrenuo i rekao: "Tamo ...."

Amma: (na engleskom) Tamo, što?

Mali dječak: Tata...

Amma: (na engleskom) Tata, što?

Mali dječak: (pokazujući na prst) Tata sjeo ovdje.

Amma: (zagrlivši čvrsto dijete i govoreći na engleskom) Amma zove tatu.

U tom je trenutku otac došao Ammi. Rekao je da je tog jutra slučajno sjeo na dječakovu ruku. To se dogodilo kod kuće i mali je dječak to pokušavao objasniti Ammi.

Još uvijek držeći dječaka blizu Sebe, Amma je rekla, "Gledaj, dijete moje, Amma će udariti tvog tatu, može?"

Dječak je kimnuo glavom. Amma se pravila kao da tuče oca, a dječakov otac se pretvarao da plače. Iznenada je dječak primio Amminu ruku i rekao: "Dosta je."

Čvršće prigrlivši dijete, Amma se smijala. Bhakte su se također počele smijati.

Amma: Pogledajte, on voli svog oca. Ne želi da itko povrijedi njegovog oca.

Baš kao i taj mali dječak koji je došao i otvorio svoje srce Ammi bez imalo sustezanja, djeco, i vi biste trebali naučiti kako otvoriti svoje srce prema Bogu. Iako se Amma samo pretvarala da udara njegovog oca, dječaku je to izgledalo stvarno. Nije želio da se njegov otac osjeti povrijeđeno. Na isti način, djeco, imajte razumijevanja za bol drugih i budite suosjećajni prema svima.

Buđenje usnulog učenika

Pitalac: Kako Učitelj pomaže učeniku transcendirati ego?

Amma: Kreirajući potrebne situacije. Zapravo, *Satguruovo* [Istinski Učitelj] suosjećanje pomaže učeniku.

Pitalac: Što točno pomaže učeniku? Situacije ili Učiteljevo suosjećanje?

Amma: Situacije koje nastaju kao rezultat beskrajnog Satguruovog suosjećanja.

Pitalac: Radi li se o uobičajenim ili nekim posebnim situacijama?

Amma: Radi se o uobičajenim situacijama. Međutim, one su također i posebne jer predstavljaju drugi oblik Satguruovog blagoslova kojima se učenik duhovno uzdiže.

Pitalac: Postoji li sukob između Gurua i učenika tijekom procesa uklanjanja ega?

Amma: Um će se boriti i prosvjedovati jer želi ostati u snu i dalje sanjati. Ne želi da ga se uznemirava. Međutim, Istinski Učitelj remeti učenikov san. Satguruov jedan i jedini cilj je buđenje učenika. Dakle, postoji prividni sukob. Međutim, ozbiljan učenik obdaren *shraddhom* [nepokolebljiva vjera] koristit će razlučivanje kako bi prevladao takav unutarnji sukob.

Poslušnost Guruu

Pitalac: Hoće li potpuna poslušnost Guruu na kraju dovesti do smrti ega?

Amma: Da, hoće. U *Kathopanishadi*, *Satguru* [Istinski Učitelj] je predstavljen kao Yama, Gospodar Smrti. To je zato što Guru simbolizira smrt učenikova ega, što se može postići samo uz pomoć Satgurua. Poslušnost Satguruu dolazi iz učenikove ljubavi prema Guruu. Učenik će se osjećati vrlo inspiriran Učiteljevom samopožrtvovnošću i suosjećanjem. Potaknut ovom prirodom Gurua, učenik će ostati spontano otvoren i poslušan Guruu.

Pitalac: Potrebna je izvanredna hrabrost kako bi se suočilo sa smrću ega, zar ne?

Amma: Svakako, to je razlog zašto je tek nekolicina u stanju to učiniti. Dopuštanje egu da umre je poput kucanja na vrata smrti. To je ono što je Nachiketas, mladi tražitelj u *Kathopanishadi* učinio. No, imate li hrabrosti i odlučnosti pokucati na vrata smrti, uvidjet ćete da smrti nema. Jer čak i smrt ili smrt ega, je iluzija.

Horizont je ovdje

Pitalac: Gdje je sakriveno Sebstvo?

Amma: To je kao da pitate, "Gdje sam sakriven?" Nisi nigdje sakriven. Ti si u sebi. Slično tome, Sebstvo je unutar tebe i izvan tebe.

S morske obale izgleda kao da se ocean i horizont na jednom mjestu spajaju. Pretpostavimo da na tom mjestu postoji otok pa se čini kao da stabla dodiruju nebo. Međutim, odete li tamo, hoćete li vidjeti točku spajanja? Ne, naprotiv, ta se točka također udaljuje. Sada će biti na drugom mjestu. Gdje je zapravo horizont? Horizont je upravo ovdje gdje stojite, zar ne? Isto tako je ono što tražite upravo ovdje. No, tako dugo dok ste hipnotizirani vašim tijelom i umom, ono će ostati udaljeno.

Što se tiče najvišeg znanja, vi ste kao prosjak. Istinski Učitelj se pojavljuje i govori vam: "Gledajte, posjedujete cijeli univerzum. Bacite svoju prosjačku zdjelu i tražite blago sakriveno u vama."

Zbog vašeg nepoznavanja stvarnosti, odlučno kažete: "Ti pričaš gluposti. Ja sam prosjak i želim nastaviti prosjačiti do kraja života. Molim te, ostavi me na miru." Međutim, *Satguru* [Istinski Učitelj] vas neće samo tako ostaviti. Satguru će vas nastavljati podsjećati na to ponovo i ponovo, sve dok se ne uvjerite i počnete tražiti.

Ukratko, Satguru vam pomaže da shvatite prosjačku prirodu uma, potiče vas da bacite prosjačku zdjelu i pomaže vam postati vlasnikom univerzuma.

Vjera i krunica

Tijekom jedne Devi Bhave u San Ramonu u Kaliforniji, htio sam ići pjevati *bhajane* [pobožne pjesme], kada mi je prišla jedna gospođa sa suzama u očima.

Rekla je: "Izgubila sam nešto što mi je vrlo dragocjeno."

Gospođa je zvučala jako očajno. Rekla je: "Spavala sam na katu na balkonu s krunicom koju mi je dala moja baka. Kad sam se probudila, nije je bilo. Netko ju je ukrao. Bila mi je neprocjenjiva. O, moj Bože, što da sada napravim?" Počela je plakati.

"Jeste li tražiti na mjestu „Izgubljeno i nađeno"?" - pitao sam.

"Da" - rekla je, "ali nema je tamo."

Rekao sam: "Molim vas nemojte plakati. Idemo objaviti oglas. Ako ju je netko našao ili uzeo greškom, može ju donijeti natrag ako objasnite koliko vam je ona dragocjena."

Namjeravao sam ju odvesti do razglasa, kada je rekla: "Kako se to moglo dogoditi u Devi Bhava noći, kada sam došla na Ammin darshan?"

Kada sam čuo ono što je rekla, spontano sam joj odgovorio: "Vidite, niste bili dovoljno pažljivi. Zato ste izgubili krunicu. Zašto ste spavali s krunicom u ruci ako vam je ona tako dragocjena? Postoje različite vrste ljudi koji su se večeras ovdje okupili. Amma nikoga ne odbacuje. Omogućuje svakome da sudjeluje i bude radostan. Znajući to, trebali ste bolje brinuti o svojoj krunici. Umjesto toga, okrivljujete Ammu bez preuzimanja odgovornosti da ste bili neoprezni."

Gospođa nije izgledala uvjereno. Rekla je: "Moja vjera u Ammu je uzdrmana."

Pitao sam je: "Jeste li uopće imali što izgubiti? Ako ste imali imalo prave vjere, kako je možete izgubiti?"

Nije rekla ništa. Ipak sam je usmjerio prema razglasu, a ona je dala oglas.

Nekoliko sati kasnije, kada sam završio pjevanje, susreo sam je na glavnom ulazu u dvoranu. Čekala je kako bi me srela. Rekla mi je da je našla krunicu. U stvari, netko je vidio da leži na podu balkona i uzeo ju je misleći da je to bio Ammin poklon za njega. Ipak, kada je čuo oglas, vratio ju je.

Gospođa je rekla: "Hvala na prijedlogu."

"Hvala Ammi jer je bila toliko suosjećajna i nije željela da izgubite vjeru" - odgovorio sam. Prije nego što sam je pozdravio, rekao sam: "Iako se ovdje nalaze različite vrste ljudi, svi oni vole Ammu; inače, ne biste ponovo vidjeli svoju krunicu."

Ljubav i predanost

Pitalac: Amma, koja je razlika između ljubavi i predanosti?

Amma: Ljubav je uvjetovana. Predanost je neuvjetovana.

Pitalac: Što to znači?

Amma: U ljubavi postoji onaj koji ljubi i ljubljeni, učenik i Učitelj, poklonik i Bog. Ali u predanosti, dvojnost nestaje. Postoji jedino Učitelj; postoji jedino Bog.

Svjesnost i budnost

Pitalac: Je li svjesnost isto što i *shraddha* [nepokolebljiva vjera]?

Amma: Da, što imate više shraddhe, to ćete biti svjesniji. Nedostatak svjesnosti stvara prepreke na putu do vječne slobode. To je poput vožnje kroz maglu. Ništa nećete moći jasno vidjeti. To je također opasno jer se u bilo koje vrijeme može dogoditi nesreća. S druge strane, djela koja su učinjena sa svjesnošću, pomažu vam shvatiti vašu urođenu božanskost. Svjesno djelovanje pomaže vam jasnije vidjeti.

Vjera sve čini jednostavnijim

Pitalac: Zašto je samospoznaju tako teško postići?

Amma: Zapravo je samospoznaju lako postići, jer vam je *Atman* [Sebstvo] najbliži. Um je onaj koji to otežava.

Pitalac: Ali to nije tako kako je opisano u svetim spisima i od strane Velikih Učitelja. Sredstva i metode su tako stroge.

Amma: Sveti spisi i Veliki Učitelji to uvijek pokušavaju učiniti jednostavnim. Oni vas stalno podsjećaju da je Sebstvo ili Bog vaša istinska priroda, što znači da Bog nije udaljen od vas. To ste istinski vi, vaše pravo lice. Ali morate imati vjere kako biste usvojili ovu istinu. Nevjera put čini strogim, a vjera ga čini jednostavnim. Recite djetetu: "Ti si kralj", i unutar sekunde dijete će se poistovjetiti s tim i početi se ponašati poput kralja. Imaju li odrasli takvu vjeru? Ne, nemaju. Stoga im je to teško.

Usmjeravanje na Cilj

Pitalac: Amma, kako čovjek može unaprijediti svoje duhovno putovanje?

Amma: Kroz iskrenu *sadhanu* [duhovne prakse] i usmjeravajući se na cilj.

Uvijek se prisjećajte da ste na ovom svijetu kako biste ostvarili duhovno postignuće. Svoje mišljenje i življenje trebali biste oblikovati tako da vam pomogne napredovati na tom putu.

Pitalac: Je li usmjeravanje na cilj isto što i nevezanost?

Amma: Kod onih koji su usmjereni na cilj, nevezanost automatski jača. Na primjer, ako putujete u drugi grad radi nekog hitnog posla, vaš će um biti stalno usmjeren na vaše odredište, zar ne? Možete vidjeti prekrasan park i jezero, prekrasan restoran, žonglera koji žonglira s 15 loptica i tako dalje, no hoćete li se vezati za bilo što od toga? Ne. Vaš se um neće vezati za to što vidi i ostat će usmjeren na svoje odredište. Isto tako, ako je čovjek iskreno usmjeren na cilj, nevezanost će automatski uslijediti.

Djelovanje i ropstvo

Pitalac: Neki ljudi vjeruju da djelovanje stvara prepreke na duhovnom putu te da je bolje suzdržavati se od akcije. Je li to točno?

Amma: To je vjerojatno definicija nekog lijenog čovjeka. *Karma* [djelovanje] sama po sebi nije opasna. No, ako nije usklađena sa suosjećanjem, nego je u službi samohvale i ispunjenja skrivenih motiva, onda postaje opasna. Na primjer, tijekom operacije, doktor bi trebao biti potpuno svjestan te imati suosjećajan stav. No ako ga umjesto toga more turobne misli o problemima kod kuće, njegova svjesnost slabi. To čak može ugroziti pacijentov život. Takva karma je *adharma* [neispravno djelovanje].

S druge strane, osjećaj doktorovog zadovoljstva koji nastaje zbog uspješne operacije, može mu pomoći da još više raste, ako je pravilno usmjeren. Drugim riječima, ako je karma vođena sa svjesnošću i suosjećanjem, ona ubrzava čovjekov duhovni put. Nasuprot tome, kada radite stvari s malo ili bez ikakve svjesnosti i s pomanjkanjem suosjećanja, to postaje opasno.

Za rast razlučivanja

Pitalac: Amma, kako poboljšati razlučivanje?

Amma: Kroz kontemplativno djelovanje.

Pitalac: Možemo li um sklon razlučivanju nazvati zrelim?

Amma: Da, duhovno zrelim umom.

Pitalac: Ima li takav um veće sposobnosti?

Amma: Da, veće sposobnosti i razumijevanje.

Pitalac: Razumijevanje čega?

Amma: Razumijevanja svega, svake situacije i iskustva.

Pitalac: Čak i negativnih i bolnih situacija?

Amma: Da, svih situacija. Čak i bolna iskustva, kada se dublje razumiju, imaju pozitivan utjecaj na vaš život. Upravo ispod površine svih iskustava, bila ona dobra ili loša, leži duhovna poruka. Zato je promatranje svega izvanjskog materijalizam, dok je unutarnje promatranje duhovnost.

Završni skok

Pitalac: Amma, postoji li trenutak u životu tražitelja kada je potrebno samo čekati?

Amma: Da. Nakon dugotrajnog izvođenja duhovnih praksi, nakon što se uloži sav potreban napor, *sadhak* [duhovni tražitelj] će doći do točke kada mora prestati sa svom *sadhanom* [duhovne aktivnosti] i strpljivo čekati da se dogodi spoznaja.

Pitalac: Može li tada tražitelj nešto poduzeti?

Amma: Ne. Zapravo se radi o presudnoj točki kada tražitelj treba veliku pomoć.

Pitalac: Hoće li dobiti tu pomoć od Gurua?

Amma: Da, jedino *Satguruova* [Istinski Učitelj] milost mu u tom trenutku može pomoći. Potrebno je da tada *sadhak* bude apsolutno strpljiv. On je do tada učinio sve što je mogao; trudio se najviše koliko je mogao. Sada je jednostavno bespomoćan. Ne zna kako učiniti posljednji korak. Tražitelj tada može postati zbunjen i okrenuti se natrag svijetu, misleći da ne postoji stanje poput samospoznaje. Jedino prisutnost Satgurua i njegova milost inspirirat će ga i pomoći mu transcendirati to stanje.

Najsretniji trenutak u Amminom životu

Pitalac: Amma, koji je najsretniji trenutak u Tvom životu?

Amma: Svaki trenutak.

Pitalac: Kako to misliš?

Amma: Amma želi reći da je Amma uvijek sretna jer za Nju postoji samo čista ljubav.

Amma neko vrijeme nije govorila. Darshan se nastavio. Tada je jedan poklonik donio Ammi na blagoslov sliku Božice Kali kako pleše na prsima Gospodina Shive. Amma je sliku pokazala poklonicima koji su bili u redu za pitanja.

Amma: Pogledajte ovu sliku. Iako Kali izgleda bijesno, ona je u blaženom raspoloženju. Znate li zašto? Zato što je upravo otkinula glavu, odnosno ego, svom voljenom učeniku. Smatra se da je glava sjedište ega. Kali slavi taj dragocjen trenutak u kojem je učenik u potpunosti nadišao ego. Još jedna duša koja je lutala u mraku, oslobođena je iz kandža *maye* [opsjena].

Kada osoba ostvari oslobođenje, kundalini *shakti* [duhovna energija] cijele kreacije se podiže i budi. Nakon toga osoba sve vidi kao božansko. To je početak beskrajnog slavlja. Zato Kali pleše u ekstazi.

Pitalac: Želiš li reći da je i Tebi najsretniji trenutak onaj u kojem Tvoja djeca uspiju nadvladati svoj ego?

Na Amminom licu je osvanuo sjajan osmijeh.

Najveći Ammin poklon

Jedan je stariji poklonik, u stanju visoko uznapredovalog karcinoma, došao na Ammin *darshan*. Znajući da će uskoro umrijeti, čovjek je rekao: "Zbogom Amma. Puno Ti hvala za sve ono što si mi dala. Ovom si djetetu pokazala čistu ljubav i put tijekom ovog bolnog perioda. Bez Tebe bih propao davno prije. Čuvaj ovu dušu uvijek blizu Sebe". Rekavši to, poklonik je uzeo Amminu ruku i stavio je na svoja prsa.

Jecajući, prekrio je svoje lice sklopljenim rukama. Amma ga je nježno prigrlila na svoje rame, brišući suze koje su padale niz Njene obraze.

Podižući mu glavu sa Svog ramena, Amma se zagledala duboko u njegove oči. Prestao je plakati. Čak je izgledao radosno i snažno. Rekao je: „Sa svom ljubavlju koju si mi dala, Amma, Tvoje dijete nije tužno. Moja jedna i jedina briga je hoću li ostati u Tvom krilu i nakon smrti. Zato plačem. Inače sam dobro."

Zagledavši se s dubokom ljubavlju i brižnošću u njegove oči, Amma je nježno rekla: „Nemoj brinuti dijete moje. Amma te uvjerava da ćeš vječno ostati u Njenom krilu."

Čovjekovo lice je najednom postalo opijeno neizmjernom radošću. Izgledao je tako mirno. Još uvijek suznih očiju, Amma ga je tiho gledala dok je odlazio.

Ljubav sve oživljava

Pitalac: Amma, ako je sve obuhvaćeno sviješću, imaju li i neživi predmeti također svijest?

Amma: Oni imaju svijest koju vi ne možete osjetiti ili razumjeti.

Pitalac: Kako da to razumijemo?

Amma: Kroz čistu ljubav. Ljubav sve čini živim i svjesnim.

Pitalac: Ja imam ljubavi, no ne vidim sve kao živo ili svjesno.

Amma: To znači da nešto nije u redu s tvojom ljubavlju.

Pitalac: Ljubav je ljubav. Što tu može biti pogrešno?

Amma: Prava ljubav je ona koja vam život i životnu silu pomaže iskusiti svugdje. Ako ti tvoja ljubav ne pomaže to vidjeti, takva ljubav nije prava ljubav. To je iluzorna ljubav.

Pitalac: Ali to je tako teško razumjeti i prakticirati, nije li?

Amma: Ne, nije.

Poklonik je ostao miran, zbunjeno gledajući Njeno lice.

Amma: To nije tako teško kao što misliš. Zapravo, gotovo svi to čine no nisu toga svjesni.

Upravo je tada jedna od poklonica donijela Ammi na blagoslov svoju mačku. Amma neko vrijeme nije govorila. Ganutljivo je držala mačku nekoliko trenutaka i pomilovala ju. Zatim je pažljivo nanijela malo sandalove paste mački na čelo i dala joj jedan čokoladni bombon.

Amma: Muško ili žensko?

Poklonica: Žensko.

Amma: Kako se zove?

Poklonica: Ruža…. (s velikom pažnjom) Nije se osjećala dobro posljednja dva dana. Molim te blagoslovi ju, Amma, kako bi se brzo oporavila. Ona je moj vjeran prijatelj i pratilac.

Dok je gospođa izgovarala te riječi, suze su joj navrle na oči. Amma je s ljubavlju utrljala malo svetog pepela na mačku i vratila je poklonici, koja je sretna otišla od Amme.

Amma: Za tu kćer, njena mačka nije jedna od milijun mačaka; njena je mačka jedinstvena. Ona joj je gotovo poput ljudskog bića. Što se nje tiče, njena „Ruža" ima svoju vlastitu individualnost. Zašto? Zato što mačku voli tako snažno. Ona je strahovito identificirana s njom.

Ljudi diljem svijeta to čine, zar ne? Imenuju svoje mačke, pse, papige, a ponekad čak i drveće. Jednom kada ih imenuju i učine svojima, za tu osobu, životinja, ptica ili biljka postane različita i drugačija od ostalih svoje vrste. Najednom ta stvorenja dobivaju viši status od ostalih. Ta osobna identifikacija s njima donosi tim stvorenjima novi život.

Pogledaj malenu djecu. Za njih je lutka živa i svjesna. Oni pričaju s njom, hrane ju i spavaju s njom. Što je to što lutki daje život? Djetetova ljubav prema njoj, zar ne? Ljubav može transformirati čak i puki predmet u živu i svjesnu stvar.

Sada reci Ammi je li takva ljubav teška?

Velika lekcija opraštanja

Pitalac: Amma, postoji li nešto što bi mi sada željela reći? Neki poseban poučak za mene u ovom trenutku mog života?

Amma: (smijući se) Budi strpljiv.

Pitalac: Je li to sve?

Amma: To je mnogo.

Poklonik se okrenuo i napravio nekoliko koraka kada ga je Amma ponovo pozvala, „....i također znaj praštati."

Čuvši Ammine riječi čovjek se okrenuo i upitao "Govoriš li meni?"

Amma: Da, tebi.

Čovjek se vratio do Ammine stolice.

Pitalac: Siguran sam da mi time daješ neki savjet, kao i svaki put do sada. Amma, molim Te jasno mi reci što mi savjetuješ.

Amma je nastavila davati darshan dok je čovjek čekao da čuje još više. Neko vrijeme nije ništa govorila.

Amma: Mora postojati nešto, neki slučaj ili situacija koja je iznenada preletjela tvojim umom. Zašto bi inače reagirao tako brzo nakon što si čuo Ammu da izgovara riječ „praštanje"?

Čuvši Ammine riječi, čovjek je u miru sjedio neko vrijeme nisko pognute glave. Najednom je počeo plakati, prekrivajući lice rukama. Amma nije mogla podnijeti da Njeno dijete plače. Nježno je brisala njegove suze i trljala njegova prsa.

Amma: Nemoj brinuti sine. Amma je s tobom.

Pitalac: (jecajući) U pravu si. Nisam u stanju oprostiti svom sinu. Nisam s njim razgovarao posljednjih godinu dana. Duboko sam povrijeđen i vrlo sam ljut na njega. Amma, molim te, pomozi mi.

Amma: (pogledavši suosjećajno poklonika) Amma razumije.

Pitalac: Prije oko godinu dana došao je kući potpuno izbezumljen. Kada sam ga upitao zašto je tako neraspoložen, postao je nasilan i vikao je na mene te je počeo razbijati tanjure i uništavati stvari. Potpuno sam izgubio strpljenje i izbacio ga iz kuće. Od tada ga nisam niti vidio niti razgovarao s njim.

Čovjek je izgledao potpuno utučen.

Amma: Amma vidi tvoje srce. Svatko bi izgubio kontrolu u takvoj situaciji. Nemoj se okrivljavati zbog toga. No, za tebe je važno da mu oprostiš.

Pitalac: Želim to, ali nisam sposoban oprostiti i krenuti dalje. Uvijek kad moje srce kaže da mu oprostim, moj um to preispituje. Um kaže: „Zašto bi mu oprostio? On je učinio grešku, neka zato on žali i traži oprost.“

Amma: Sine, želiš li zaista riješiti ovu situaciju?

Pitalac: Da, Amma. Želim, i želim pomoći izliječiti svog sina i sebe.

Amma: Ako je tako, nikada ne slušaj svoj um. Um ne može izliječiti ili riješiti niti jednu takvu situaciju. Baš suprotno, um će to pogoršati i dodatno te zbuniti.

Pitalac: Amma, što Ti predlažeš?

Amma: Amma možda ne može reći ono što bi ti želio čuti. Usprkos tome, Amma ti može reći ono što će ti zaista pomoći da iscijeliš ovu situaciju i uneseš mir među vas. Vjeruj i stvari će se postepeno riješiti.

Pitalac: Ljubazno me uputi, Amma. Ja ću dati sve od sebe kako bih učinio što god Ti rekla.

Amma: Što se dogodilo, dogodilo se. Najprije si dopusti povjerovati i prihvati to. Zatim, vjeruj da su osim očitih razloga za taj povod, postojali i skriveni razlozi koji su doveli do niza događaja tog dana. Tvoj um je nepopustljiv i željan je kriviti tvog sina za sve. U redu. U ovom slučaju je možda i kriv. Pa ipak....

Pitalac: (nestrpljivo) Amma, Nisi dovršila što si namjeravala reći.

Amma: Dopusti da te Amma upita. Jesi li bio pun poštovanja i ljubavi prema svojim roditeljima, posebno prema svom ocu?

Pitalac: (izgledajući pomalo zbunjeno) Prema svojoj majci jesam, imali smo prekrasan odnos... ali sa svojim sam ocem imao očajan odnos.

Amma: Zašto?

Pitalac: Zato što je bio vrlo strog i bilo mi je vrlo teško to prihvatiti.

Amma: I naravno da si ponekad bio vrlo nepristojan prema njemu, što ga je povrjeđivalo. Nije li tako?

Pitalac: Tako je.

Amma: To znači da ti se sada ono što si napravio svome ocu, vraća u obličju tvog sina, njegovih riječi i djela.

Pitalac: Amma, vjerujem u to što govoriš.

Amma: Sine, nisi li patio dovoljno dugo zbog svog teškog odnosa sa svojim ocem?

Pitalac: Da, jesam.

Amma: Jesi li mu ikada oprostio i zacijelio taj odnos?

Pitalac: Jesam, no tek nekoliko dana prije njegove smrti.

Amma: Sine, želiš li da i tvoj sin prođe kroz muke kakve si ti prolazio, a to će i tebe isto tako izmučiti?

Čovjek je briznuo u plač dok je tresao glavom i govorio: „Ne, Amma, ne... nikada."

Amma: (prigrlivši ga) Zato oprosti svom sinu, jer je to put prema miru i ljubavi.

Čovjek je sjeo pored Amme i dugo meditirao. Odlazeći, rekao je: "Osjećam se tako lako i opušteno. Susrest ću se sa svojim sinom što prije. Hvala Ti Amma. Puno ti hvala."

Darshan

Pitalac: Kako bi Ti ljudi trebali pristupiti da što potpunije dožive Tvoj *darshan?*

Amma: Kako da u potpunosti doživite ljepotu i miris cvijeta? Tako da ostanete potpuno otvoreni prema tom cvijetu. Pretpostavimo da imaš začepljeni nos. Tada nećeš osjetiti miris. Na sličan način, ako je tvoj um blokiran osuđujućim mislima i unaprijed stvorenim idejama, tada ćeš propustiti Ammin darshan.

Znanstvenik pristupa cvijetu kao predmetu za eksperimentiranje; pjesnik, kao inspiraciji za pjesmu. A glazbenik? On pjeva o cvijetu. Travar će cvijet vidjeti kao izvor djelotvornog lijeka, zar ne? Za neku životinju ili insekta, on nije ništa drugo osim hrane. Nitko od njih ne vidi cvijet kao cvijet, kao cjelinu. Na isti način, ljudi su različitih naravi. Amma svakoga jednako prima - dajući im jednake mogućnosti, istu ljubav, isti darshan. Nikoga ne odbacuje jer su svi Njena djeca. No, ovisno o prijemčivosti primatelja, *darshan* će biti različit.

Darshan neprestano traje, uvijek je ovdje. Taj tijek nikada ne završava. Vi ga samo trebate primiti. Ako se u potpunosti možete odmaknuti od svog uma, na barem jednu sekundu, dogodit će se *darshan* u svoj svojoj punini.

Pitalac: Primaju li, u tom smislu, svi Tvoj *darshan*?

Amma: Ovisi koliko je osoba otvorena. Što je otvorenija, prima više dobrobiti od *darshana*. Mada ga svi ne prime u punini, ipak svatko dobiva barem djelić toga.

Pitalac: Djelić čega?

Amma: Djelić onoga što oni u stvari jesu.

Pitalac: Znači li to da će dobiti i djelić onoga što si zapravo Ti?

Amma: Istina je u vama i u Ammi ista.

Pitalac: Što je to?

Amma: Blažena tišina ljubavi.

Ne razmišljanje nego vjerovanje

Novinar: Amma, koja je svrha Tvog boravka na zemlji?

Amma: Koja je svrha *tvog* boravka na zemlji?

Novinar: Postavio sam si ciljeve u svom životu. Mislim da sam ovdje kako bi ih ostvario.

Amma: Amma je također ovdje kako bi ispunila određene ciljeve koji su za dobrobit društva. No, nasuprot tebi, Amma ne *misli* samo da će ti ciljevi biti ostvareni, Amma u potpunosti vjeruje u ostvarenje tih ciljeva.

OM TAT SAT